森田和良
日本初等理科教育研究会理事長
筑波大学附属小学校副校長
【編】

日本初等理科教育研究会
【著】

アクティブ・ラーニングの授業展開

小学校 理科

東洋館出版社

はじめに

　次期学習指導要領の改訂に向けて、本格的な議論が始まりました。次期改訂では、教科の「目標」と「内容」に加えて、「方法」まで示されるのではないかと言われています。ここから、目標を着実に具現化させたいという強い意図とその背景にある危機感が読み取れます。そして、その具体的な「方法」の1つが、「アクティブ・ラーニング」だといわれています。

　「アクティブ・ラーニング」とは、「課題の発見と解決に向けて主体的・対話的に学ぶ学習」とされています。この文言だけをみると、従来の問題解決的な学習と同じイメージをもつ方も多いようです。

　「小学校の理科教育は、以前から問題解決学習に取り組んできたので、わざわざアクティブ・ラーニングに取り組む必要はない」という声も聞こえてきます。果たして、従来どおりの指導を継続していくだけで十分なのでしょうか。変化の激しい現代社会の中で適切に対応できる人材を育成することに責任をもとうとするならば、今回の提言をもとに、従来の指導方法を新たな方向から見直す機会ととらえ、授業改善に取り組むべきだと思います。

　そこで、本研究会では、アクティブ・ラーニングに関係する用語と具体的な実践事例を示し、初等理科教育のさらなる発展につながる提言を示したいと考えました。その際に、参考とさせていただいたのが京都大学の溝上慎一教授によるアクティブ・ラーニングの定義です。

　溝上氏は「一方的な知識伝達型講義を聴くという（受動的）学習を乗り越える意味での、あらゆる能動的な学習のこと。能動的な学習には、書く・話す・発表するなどの活動の関与と、そこで生じる認知プロセスの外化を伴う」（『アクティブラーニングと教授学習パラダイムの転換』東信堂）と定義しています。この中でも特に注目したのは、「認知プロセスの外化を伴う」という点です。従来の問題解決的な学習でも話し合いや発表はありましたが、子どもたちの「認知プロセスの外化」を明確に掲げて実践した事例は、それほど多くはなかったと感じます。

　従来の問題解決的な学習では、数名の子どもの発言を教師が上手に関係付けることで、解決への文脈を創り出し学習展開することができました。しかし、解決への文脈を了解したはずの子ども1人1人の「認知プロセス」を外化させることはほとんどありません。だから、授業に参加していても学習の文脈から外れる子どもや、「わかったつもり」で授業を終える子どもを見逃していたのです。

　認知プロセスの外化を条件とする「アクティブ・ラーニング」ならば、子どもの認知の深まりも確認できるので、学習の本質である「深い理解」につながる学習が期待できます。本書が、学習の本質につながる理科授業をめざした見直しと授業改善に少しでも寄与できたら幸いです。

　最後になりましたが、執筆の機会を与えてくださった東洋館出版様と、本書を完成させるにあたり多大なご支援をいただきました編集部の高木聡氏には、この紙面をお借りしてお礼申し上げたいと思います。ありがとうございました。

平成28年7月

日本初等理科教育研究会　理事長
筑波大学附属小学校　副校長　森　田　和　良

Index 小学校理科アクティブ・ラーニングの授業展開

はじめに 003 ／ 執筆者一覧 159

第1章 理論編 007

- 小学校教育におけるアクティブ・ラーニング 008
- 理科におけるアクティブ・ラーニング 010
- アクティブ・ラーニングと問題解決学習 012
- 認知プロセスの「外化」を伴うＡＬ 014
- 中学校理科へつなぐ系統性 016
- 科学的な見方や考え方再考 018
- 改めて自然の事物・現象について考える 020
- 理科における資質・能力とは？ 022
- 子どもが「見通しをもつ」とは？ 024
- 子どもが「比較する」とは？ 026
- 子どもが「追究する」とは？ 028
- 子どもが「関係付ける」とは？ 030
- 子どもが「推論する」とは？ 032
- 観察・実験―子どもの思考を「見える化」する 034
- 理科における「説明活動」とは？ 036
- 理科における「ジグソー法」とは？ 038
- イメージマップ 040
- 熊手チャート 042
- Ｙチャート・Ｘチャート 044
- マトリックス表 046
- 子ども同士が学び合い、高め合う学習環境 048
- 誰でもできる教材研究のもち方 050
- イメージ図 052
- モデル実験 054
- 模型作り・ものづくり 056
- メタファー 058

第2章 実践編 061

第3学年　13時間
磁石の性質　062

第3学年　11時間
明かりをつけよう　068

第3学年　8時間
物と重さ　074

第3学年　12時間
昆虫の成長と体のつくり　080

第4学年　12時間
ものの温まり方　086

第4学年　13時間
金属、水、空気と温度　092

第4学年　9時間
わたしたちの体と運動　098

第4学年　8時間
天気の様子　102

第5学年　13時間
電流の働き　106

第5学年　12時間
もののとけ方　110

第5学年　12時間
振り子の運動　116

第5学年　8時間
流水の働き　122

第6学年　13時間
水溶液の性質　128

第6学年　4時間
植物の成長と日光のかかわり　134

第6学年　6時間
月と太陽　140

第6学年　13時間
土地のつくりと変化　146

第6学年　9時間
人と環境　152

第1章 理論編

ACTIVE THINKING

Word 小学校教育におけるアクティブ・ラーニング

● アクティブ・ラーニング導入の背景

　我が国おけるアクティブ・ラーニングは、もともと大学教育からはじまっている。アクティブ・ラーニングの考え方が大きく注目されるようになったのは、大学の授業改善を提言した2012年の大学教育に対する中央教育審議会の答申「新たな未来を築くための大学教育の質的転換に向けて～生涯学び続け、主体的に考える力を育成する大学へ～（答申）」（中央教育審議会：2012）がはじまりといえる。答申では、アクティブ・ラーニングを以下のように定義している。

> 教員による一方向的な講義形式の教育とは異なり、学修者の能動的な学修への参加を取り入れた教授・学習法の総称。学修者が能動的に学修することによって、認知的、倫理的、社会的能力、教養、知識、経験を含めた汎用的能力の育成を図る。発見学習、問題解決学習、体験学習、調査学習等が含まれるが、教室内でのグループ・ディスカッション、ディベート、グループ・ワーク等も有効なアクティブ・ラーニングの方法である。

　その後、この答申を受け、大学教育を対象とした書籍が2013年頃から出はじめ、いくつかのアクティブ・ラーニングの定義が出た。例えば、2014年10月に出版された溝上（2014）『アクティブラーニングと教授学習パラダイムの転換』では、以下のように定義している。

> 一方的な知識伝達型講義を聴くという（受動的）学習を乗り越える意味での、あらゆる能動的な学習のこと。能動的な学習には、書く・話す・発表するなどの活動への関与と、そこで生じる認知プロセスの外化を伴う。

　小・中・高の教育関係者にとって、アクティブ・ラーニングを検討する必要性が感じられるようになったのは、2014年11月26日の中央教育審議会への諮問「初等中等教育における教育課程の基準等の在り方について（諮問）」であるといえる。

> …「何を教えるか」という知識の質や量の改善はもちろんのこと、『どのように学ぶか』という、学びの質や深まりを重視することが必要であり、課題の発見と解決に向けて主体的・協働的に学ぶ学習（いわゆる「アクティブ・ラーニング」）や、そのための指導の方法等を充実させていく必要があります。

　ここにアクティブ・ラーニングという文言が示され、大学教育だけではなく、小・中・高の授業においても、今後どのように考えるのか検討する必要性が出たのである。

　このような背景を受け、2015年8月26日に次の学習指導要領の方向性を示す「教育課程企画特別部会の論点整理（以下「論点整理」）」（教育課程企画特別部会：2015）において、これまでの知識の量だけを重視するのではなく、質や深まりの重要性に言及し「どのように学ぶか」という学習者の学び方の見直しとしてアクティブ・ラーニングの意義が示されている。

　この後、中央教育審議会の各教科のワーキンググループが検討している過程で、授業改善のための「習得・活用・探究という学習プロセスの中で、問題発見・解決を念頭に置いた、**深い学び**の過程が実現できているかどうか」「他者との協働や外界との相互作用を通じて、自らの考えを広げ深める、**対話的な学び**の過程が実現できているかどうか」「子供たちが見通しを持って粘り強く取り組み、自らの学習活動を振り返って次につなげる、**主体的な学び**の過程が実現できているかどうか」という3つのアクティブ・ラーニングの視点が示されるようになった。

このように、教師には「教え方」から「考えさせ方」について授業方法の転換が求められるようになった。

●小学校におけるアクティブ・ラーニング

図は、指導者の介入と学習者の主体の活動のバランスからみた授業を、筆者が4段階に整理したものである。授業の段階は、指導者の介入と学習者の意思のバランスによって、指導者の話を一方的に聴く「講義段階」、基本的な知識や技能を教師が伝達する、主に指導者の指示が中心となる（学習者は指示によって動く）「指導段階」、学習者主体を基本とするが身に付いていない一部の知識や考え方を教えたり、学習の方向性を制御したりする「支援段階」、教師の介入は最小限で自律的に学習が進む「自律段階」の4つに分けることができる。

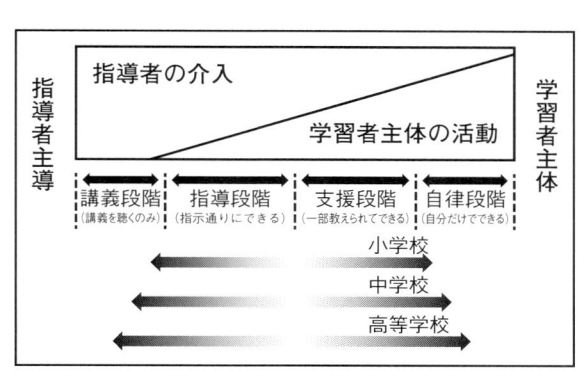

図 指導者の介入と学習者の意思のバランスから見た授業の4段階

小学校では「指導段階」や「支援段階」がほとんどを占め、教師が指示し子どもが指示通り動く活動と、教師の少しの支援により子どもに選択させる活動が混在していると言える。「論点整理」に「各教科等における習得・活用・探究の学習過程全体を見渡しながら、『深い学び』『対話的な学び』『主体的な学び』の3つの視点に立って学び全体を改善していくこと」とあるように、アクティブ・ラーニングは完全な自立ということではなく、教師が指示し子どもが指示通り動く活動のような「習得」段階でも、指示された活動の中で子どもが主体的・対話的な深い学びであればアクティブ・ラーニングであるということを確認しておく必要がある。

●アクティブ・ラーニングの考え方を小学校に導入する場合の留意点

論点整理では以下の留意点について述べられている（下線は筆者）。

> …指導法を一定の型にはめ、教育の質の改善のための取組が、狭い意味での授業の方法や技術の改善に終始するのではないかといった懸念などである。…これらの工夫改善が、ともすると本来の目的を見失い、特定の学習や指導の「型」に拘泥する事態を招きかねないのではないか…

最近の実践を見ると、本来学習内容がどれだけ深い理解になっているのかが重要であるにもかかわらず、「アクティブ・ラーニングになる＝外面的に活動的になっている」ことが目的になっている実践事例や、「○○法を使えばアクティブ・ラーニングになる」「○○法はアクティブ・ラーニングである」といった類いの考え方で、教師が考え方を与え固定化した指導法になっている事例がある。上述の論点整理にもあるように、指導の「型」を教師が与えるだけでは、本来の目的である「主体的な学習」とはならない。学習者自身が今の問題に合ったよりよい考え方や学習方法を選択し、学習者主体の授業を通してアクティブ・ラーナーを育成することが重要である。

Word 理科におけるアクティブ・ラーニング

● アクティブ・ラーニングの3つの視点を理科でどうとらえるか

教育課程企画特別部会の論点整理（平成27年8月26日）では、アクティブ・ラーニングについて次の3つの視点が挙げられている。

> ◆習得・活用・探究という学習プロセスの中で、問題発見・解決を念頭に置いた深い学びの過程が実現できているかどうか
> ◆他者との協働や外界との相互作用を通じて、自らの考えを広げ深める、対話的な学びの過程が実現できているかどうか
> ◆子供たちが見通しを持って粘り強く取り組み、自らの学習活動を振り返って次につなげる、主体的な学びの過程が実現できているかどうか

キーワードとして①深い学びの過程、②対話的な学びの過程、③主体的な学びの過程が挙げられる。これらは理科に限らず、すべての教科等において指導方法の不断の見直しの視点から示されたものである。

では、理科において、アクティブ・ラーニングをどのようにとらえたらよいのであろうか。上記に示された3つの視点から考察してみよう。

● 理科における深い学びとは何か

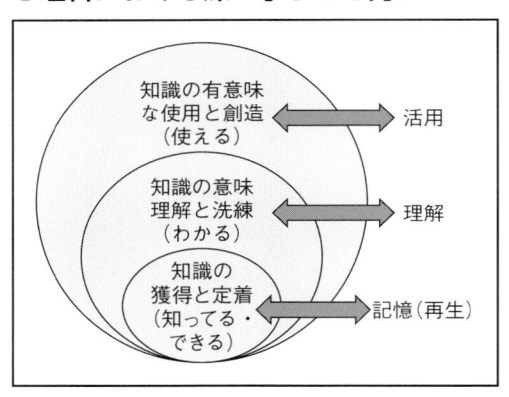

図 『資質・能力を育成する教育課程の在り方に関する研究報告書1』 国立教育政策研究所（2015）、p.51 より

図に示されるよう、目指す学力の質について、「知っている・できる」知識と「わかる」知識、「使える」知識をレベルとして分け、その名詞としての対象に一致する形で、「記憶（再生）」「理解」「活用」という動詞（行為）を対応付けている。（京都大学：石井英真氏）

これらのことから深い学びとは知識を「活用」できる学びと解釈できる。

そして、理科において知識を活用する視点は、全国学力・学習状況調査の問題作成の枠組みとして「適用・分析（解釈）・構想・（検討）改善」の4つが示されている。これら4つの視点が実現された授業が、理科における深い学びと考えられる。平成27年度全国学力・学習状況調査小学校理科の「適用」問題【大問2(5)】を例に紹介する。

本設問は、植物の適した栽培場所について、成長の様子と日光の当たり方を適用して、その内容を記述する問題である。3年生で学習した「太陽と地面の様子」5年生で学習した「植物の成長」についての複数学年にまたがる知識や、グラフから植物の成長の様子を読み取る技能などを活用して解く問題である。単なる知識の再生ではなく、未知の問題に対応する力を求め

ている。上記の図で言う、まさに「使える」知識である。この問題のように、理科における深い学びとは、違った場面や文脈において、「わかった」レベルの知識からさらに、「使える」レベルの知識として学習した原理・原則の意味や根拠、理由が説明できる学びであると考えられる。

●理科における対話的な学びとは何か

　理科では伝統的にグループ学習が行われ、対話的な学びは行われてきていると言える。しかし、理科としての対話がなされてきたかというと、事実に基づかない単なる「話し合い」や一部のオピニオンリーダーのみが活躍する「話し合い」になっていた授業もあったのではないだろうか。理科における対話的な学びとは、

> **事実**とそれに基づく**解釈**について人と対話しながら考えを発展させ問題解決すること

と考えられる。

　つまり、理科における対話においては「人」と「人」との間に「自然の事物・現象」がなくてはならない。上記の学力調査問題においても、自然の事物・現象という事実を基に考えることができるかを科学的な思考の観点から評価している。

　このように自然事象に働きかけながら、理科における対話的な学びとは、他者とかかわり合いながら問題解決する中で、「実証的に考える」「根拠を基にして考える」「方法的に妥当であるか考える」「論理に矛盾がないか考える」などといった科学的なものの見方や考え方を養うことができる学びであると考えられる。

●理科における主体的な学びとは何か

　理科における主体的な学びとは、これまでの問題解決の授業といえる。しかし、形骸化された問題解決では主体的な学びとはいえない。問題解決の授業が真に子ども主体となるためには、

> 子ども自身が学習に対して何のために行うかという自覚化、そして自分の考えたことや行動に必然性や自己責任をもっていることなど、自立した個の学びが確立していること

と考えられる。

　例えば、学年目標に位置付けている比較や関係付けなどは、問題解決の過程において自然事象に働きかける視点として育成すべき資質・能力を学習活動に埋め込み、意識して指導を行ってきた。しかし、何のために比較する必要があるのか、比較することでどのようなことが明らかになるのか、比較すること自体が学習の目的となっていたところがあり、子ども自身に自覚されないまま比較する活動をさせてはいなかっただろうか。

　理科における主体的な学びとは、子どもが他者とかかわりながら自分で考えて理解を深め、次に学びたいことを見付けるなど、資質・能力を手段として子ども自身が自覚しながら活用できる学びであると考えられる。

Word アクティブ・ラーニングと問題解決学習

●問題解決の活動の重要性について

　理科の学習は、問題解決の活動を重視する。子どもが自然の事物・現象に触れ、そこから問題を見いだし、自らもった予想や仮説の基に観察・実験などを行い、結果を整理し、考察し、結論として科学的な見方や考え方をもつようになる過程が「問題解決」の過程である。

　しかしながら、最近の理科の学習では、問題解決の過程を重視しつつも、その過程だけが形式化され、教師の指示に従うだけの活動になってしまい、科学的な見方や考え方をもつという目的が達成されない場合もある。

●問題解決学習とアクティブラーニングの関係

> 　これまでの問題解決学習を、アクティブ・ラーニングの3つの視点から授業を改善していくことで、より必要感をもって自分の予想や仮説を基に対話を重視した問題解決学習になり、妥当な考えをつくり出す力を育成する学習活動が充実する。

●今、すべきこと

　資質・能力の育成のために重視すべき学習過程等の例として、小学校の理科では図のような問題解決の流れが示された。

　問題解決の過程の中でも、特に観察・実験の場面では、表面的にアクティブ・ラーニングに見えるが、そうではないことを改めて考えるべきではないか。教師から与えられた課題について、作業をこなすように観察・実験している事例が少なくはない。

　「観察・実験の実施」の場面はもとより、「問題の見いだし」の場面や「考察や結論の導出」の場面などでも、問題解決学習が本来の機能を発揮して、科学的に探究するために必要な資質・能力を養うという目的が達成できるようにしなくてはならない。問題解決の過程のそれぞれの場面が有機的に機能するために、アクティブ・ラーニングの3つの視点から不断の授業改善をしていくことが大切である。

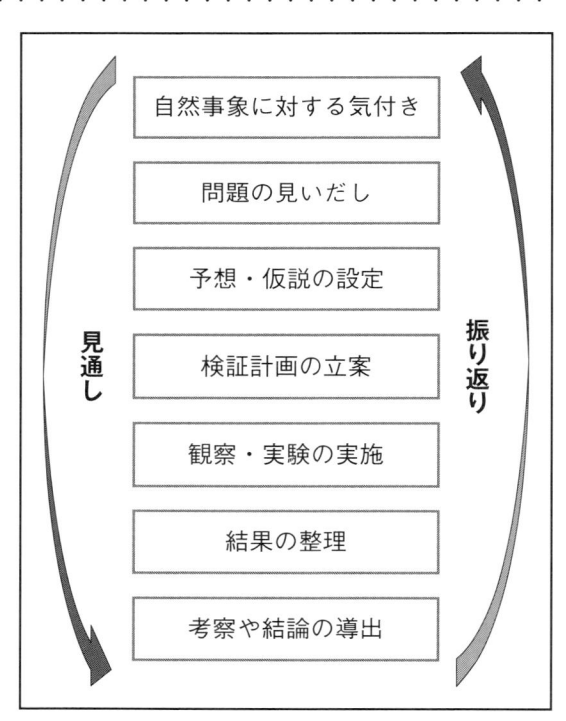

図　資質・能力の育成のために重視すべき学習過程等の例

（見通し／振り返り）
- 自然事象に対する気付き
- 問題の見いだし
- 予想・仮説の設定
- 検証計画の立案
- 観察・実験の実施
- 結果の整理
- 考察や結論の導出

アクティブ・ラーニングの３つの視点から授業を見直す一例として

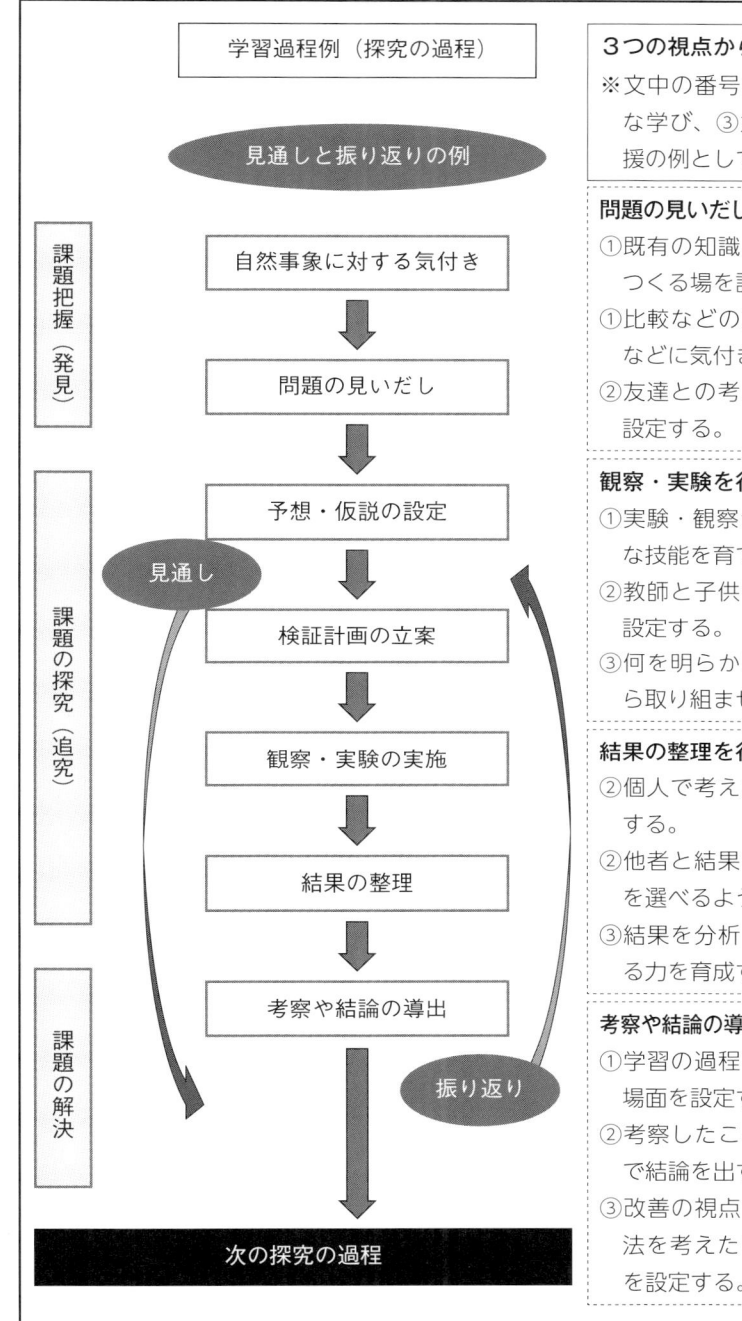

学習過程例（探究の過程）

見通しと振り返りの例

課題把握（発見）	自然事象に対する気付き ↓ 問題の見いだし
課題の探究（追究）	予想・仮説の設定 ↓（見通し） 検証計画の立案 ↓ 観察・実験の実施 ↓ 結果の整理 ↓ 考察や結論の導出（振り返り）
課題の解決	↓ 次の探究の過程

３つの視点からの支援の例として
※文中の番号はそれぞれ①深い学び、②対話的な学び、③主体的な学びを実現するための支援の例として

問題の見いだしを行っている子どもへの支援として
①既有の知識とのズレ等から気付いたり問題をつくる場を設定する。
①比較などの方法を通して、自然事象の差異点などに気付き問題を見いだせるようにする。
②友達との考えのズレ等から問題をつくる場を設定する。

観察・実験を行っている子どもへの支援として
①実験・観察が安全にかつ正確にできる基本的な技能を育てる。
②教師と子供や子供同士の対話の場を意図的に設定する。
③何を明らかにする活動なのか、意識させながら取り組ませる。

結果の整理を行っている子どもへの支援として
②個人で考えた上で意見交換に臨む過程を設定する。
②他者と結果を比較する場を設定し有効な結果を選べるようにする。
③結果を分析・解釈して仮説の妥当性を検討する力を育成する。

考察や結論の導出を行っている子どもへの支援として
①学習の過程を振り返り、変容を自覚する学習場面を設定する。
②考察したことを出し合い、科学的に考える中で結論を出す場を意図的に設定する。
③改善の視点で問題解決における、よりよい方法を考えたり次の課題を発見したりする場面を設定する。

〈参考文献〉
①「小学校理科の観察、実験の手引き」平成23年3月
②『小学校学習指導要領解説　理科編』平成20年8月
③文部科学省教育課程部会理科WG（第8回）資料：平成28年5月25日

Word 認知プロセスの「外化」を伴うＡＬ

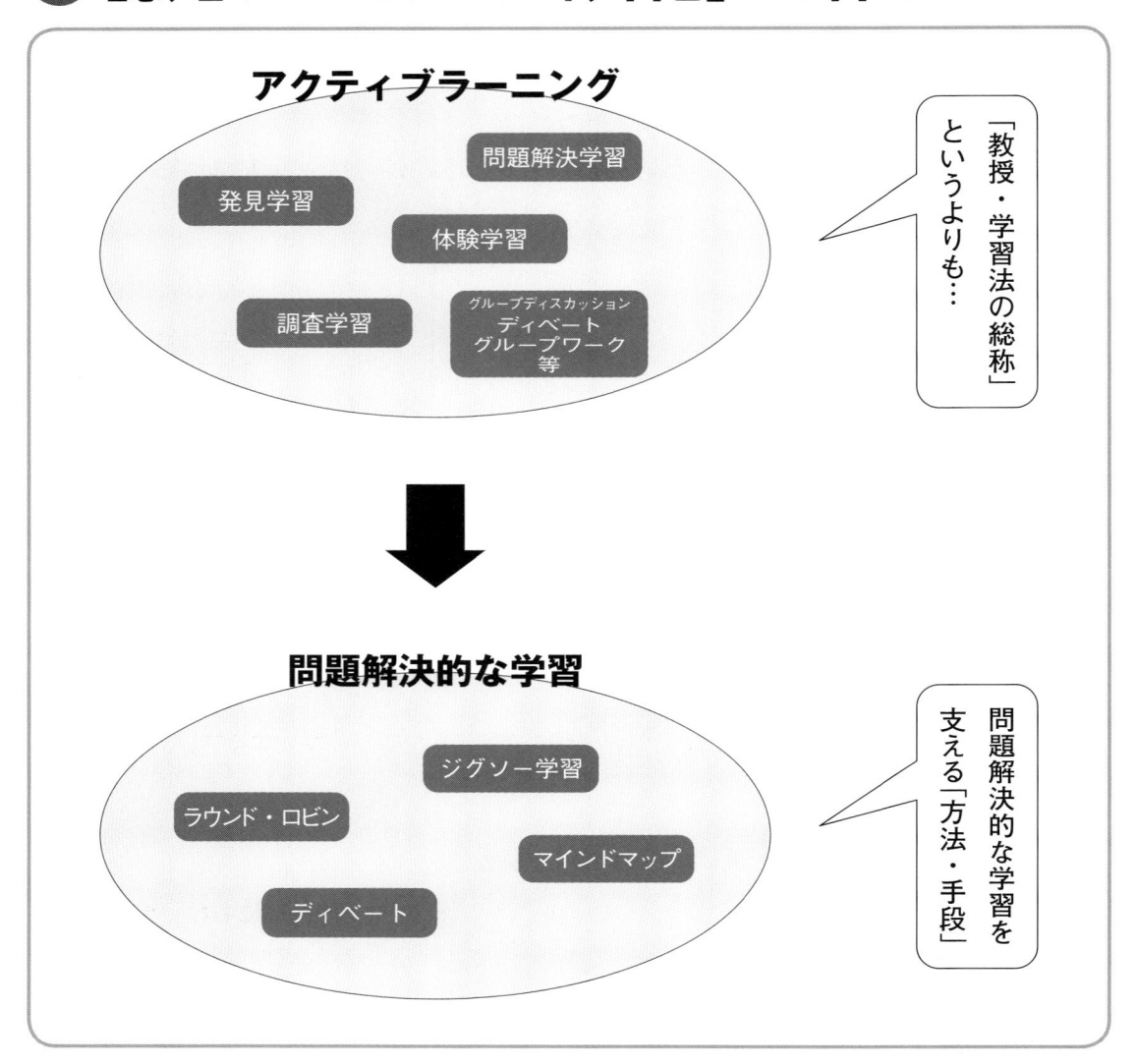

アクティブラーニング
- 発見学習
- 問題解決学習
- 体験学習
- 調査学習
- グループディスカッション
- ディベート
- グループワーク 等

「教授・学習法の総称」というよりも…

↓

問題解決的な学習
- ラウンド・ロビン
- ジグソー学習
- マインドマップ
- ディベート

問題解決的な学習を支える「方法・手段」

● **認知プロセスの外化**

「アクティブ・ラーニング」について、中央教育審議会の答申「新たな未来を築くための大学教育の質的転換に向けて－生涯学び続け、主体的に考える力を育成する大学へ－」における「用語集」では、次のように定義されている。

> 教員による一方向的な講義形式の教育とは異なり、学修者の能動的な学修への参加を取り入れた教授・学習法の総称。

そして、その目的を「学修者が能動的に学修することによって、認知的、倫理的、社会的能力、教養、知識、経験を含めた汎用的能力の育成を図る」とし、その形態は「発見学習、問題

解決学習、体験学習、調査学習等を含め、教室内でのグループ・ディスカッション、ディベート、グループ・ワーク等によっても取り入れられる」と解説している。

しかし、これが「アクティブ・ラーニング」であるのであれば、初等教育においてこれまでに私たちが研究してきた指導法と、それほどの違いを正直見いだせない。「アクティブ・ラーニングなど、既にやっている」という声も聞こえてきそうである。

一方、『アクティブラーニングと教授学習パラダイムの転換』（東信堂）において、著者である溝上慎一氏（京都大学高等教育研究開発推進センター教授）は、「アクティブラーニング」を次のように定義している。

> 一方向的な知識伝達型講義を聴くという（受動的）学習を乗り越える意味での、あらゆる能動的な学習のこと。能動的な学習には、書く・話す・発表するなどの活動への関与と、そこで生じる認知プロセスの外化を伴う。　　　　　　　　　　　　　　　　　　　　　　（下線は筆者）〔p.7〕

ここには、能動的な学習の条件が　つ示されている。まず、子ども一人一人が「書く・話す・発表する」といった活動に参加していることである。さらに、その活動は認知プロセスの外化（言語化・図表化・ジェスチャー化）を伴っていることが必要となる。

つまり、単に活動していればよいということではなく、活動によって子どもに思考力・表現力・判断力といった技能や態度（能力）の育成が具現されなければならないということを示している。

「認知プロセスの外化」は、形骸化した問題解決学習からの脱却を具現するアクティブ・ラーニングの十分条件と考えたい。

●言語活動の充実

溝上氏の考えに従えば、「認知プロセスの外化」とは、授業改善の視点にもなったこれまでの「言語活動」の一層の充実と解釈することができる。そして、単に書かせる、話をさせる、発表させるといった形骸化した表現活動ではなく、様々な表現・思考のツールを取り入れることで、言語化・図表化・ジェスチャー化といった「表現」の機能をさらに広げ、より深い「思考」を促すことが求められる。

前掲書で溝上氏は、次の解説も加えている。

> アクティブラーニングは、厳密に言えば、学生の学習の一形態を表す概念であって、教員の教授や授業・コースデザインまで包括的に表す教授学習の概念ではない。

認知プロセスの外化を伴う活動をさせることが目的なのではない。アクティブ・ラーニングとは、これまでの問題解決的な学習のねらいを達成できるようにするための方法・手段であることを忘れてはならない。

Word 中学校理科へつなぐ系統性

●系統性とアクティブラーニング

> 内容の系統性を意識したアクティブ・ラーニングにより、主体的な知識創造が可能となる。

　アクティブ・ラーニングでは、子どもが思考力を活発に働かせ、主体的に新しい知識（概念）を創り上げていくことが重要視されている。国立教育政策研究所（2013）は、思考力を「問題を解くために、収集した情報を既有知識等と関連付けて自分の考えを作り、それを他者の考えとも比較吟味統合し、よりよい答えや知識を創り出す力、さらに次の問題を見つけ、学び続ける力」とまとめている。

　理科の授業における「既有知識」とは、生活経験や前学年までの学習で学んだことであり、「収集した情報」は、実験や観察で得られた結果や、調べ学習で新たに得た知識などで、「創り出す知識」とは、狭義には新たに学習する内容となる。「次の問題」は、これから学ぶ学習内容につながる。各学年の学習内容に相互の関係があること、内容の系統性を意識したアクティブ・ラーニングにより、主体的な知識創造が可能となる。

> 教科と子どもの発達の系統性を踏まえて、意図的に設計された小学校理科の教育課程

　現行の小学校理科の学習指導要領の基盤をつくったといわれる蛯谷（1981）は、教科教育学概論において、文化は、知識の形態をとって、伝達・伝承されるとともに、新しい形に組み変えられていく知識創造といえることに言及し、さらに、「創造の過程にはかならずそれまでの知識を再現するような活動がなければならないし、それらをある観点から関係付けて、まとまった新しい意味付けができるかどうかなどと反省的に確かめることをしなければならない」と述べている。そして、既有の古い知識から新しい創造的な内容の知識を得ていく過程を、学習者に習得させることに最も有効な学習活動の設計とその原理や法則を明らかにして、学習者の発達段階に適した時期に与えられるように教材を組織することに言及している。

　すなわち、現行の小学校理科の内容は、そもそもの端緒から、自然科学が文化的に創造されてきた過程と、子どもの発達の両面から、その内容が前学年の学習内容とつながりをもち、発展的に子ども自身が新しい知識を創っていけるように、意図的に設計されているといえる。

> 生活経験や前の学年で学んだことと、実験や観察などで新たに得た知識の関係を見いだすことで、新たな学習内容を、子どもたち一人一人が、自ら納得する形でつくり上げられるように、教師が内容の系統性と子どもの発達を意識して、授業設計を考えることが大切である。

●「粒子」の系統性

　小3で学ぶ「物と重さ」では、質量保存につながる「形と重さ」と、密度につながる「体積と重さ」を学習する。一見すると、物の量を扱っているように見えるが、密度は、同温同圧下では、物質に固有の値をもつことから、物質の性質のひとつである。様々な物質の性質は、その物質を構成する原子や分子の性質とその相互作用によって、決まってくる。

　つまり、小3で学ぶ「物は、体積が同じでも重さが違うことがあること」は、物質を構成す

る原子や分子の性質を反映した、物質の種類に固有な性質であるといえる。
　物質の種類に固有の性質でありながら、状態変化では、密度が変化する。これは、分子やイオンなどの粒子の運動状態が温度により変化することで説明される。学年が上がるにつれて、一見すると矛盾する様々な現象が、原子や分子の概念で統合されていく構成となっている。

●「粒子」における子どもの認識

　岩田（2013）は、生活経験から「物は、体積が同じでも重さが違うことがあること」については、小3段階で、8割以上の子どもがすでに概念を獲得していることを質問紙調査で明らかにした。一方で、中1になっても、「軽いものは軽いままで重くならない」といった素朴概念が残り、密度概念の別の要素である「体積と質量が比例して増加すること」は、約半数の子どもが密度の低い物質では成立しないと考えている。発達初期の子どもは、手に感じる重さを直接的に物質の種類を表す密度としてとらえており、重さと密度を区別していないことが、Smithら（1985）らの研究からも明らかになっている。知覚と科学的知見とのズレを意識化し、内容の系統性と結合できる授業設計が求められる。

●粒子の系統性とアクティブラーニング

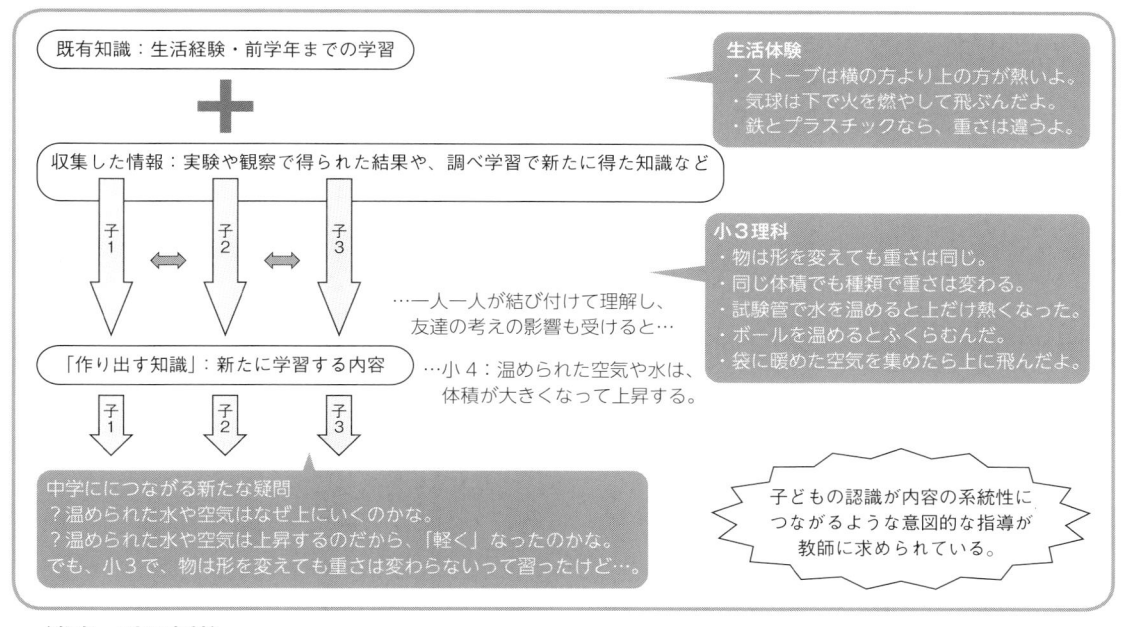

既有知識：生活経験・前学年までの学習

＋

収集した情報：実験や観察で得られた結果や、調べ学習で新たに得た知識など

子1 ⇔ 子2 ⇔ 子3

「作り出す知識」：新たに学習する内容

子1　子2　子3

中学につながる新たな疑問
？温められた水や空気はなぜ上にいくのかな。
？温められた水や空気は上昇するのだから、「軽く」なったのかな。
でも、小3で、物は形を変えても重さは変わらないって習ったけど…。

生活体験
・ストーブは横の方より上の方が熱いよ。
・気球は下で火を燃やして飛ぶんだよ。
・鉄とプラスチックなら、重さは違うよ。

小3理科
・物は形を変えても重さは同じ。
・同じ体積でも種類で重さは変わる。
・試験管で水を温めると上だけ熱くなった。
・ボールを温めるとふくらむんだ。
・袋に暖めた空気を集めたら上に飛んだよ。

…一人一人が結び付けて理解し、
友達の考えの影響も受けると…

…小4：温められた空気や水は、
体積が大きくなって上昇する。

子どもの認識が内容の系統性に
つながるような意図的な指導が
教師に求められている。

〈参考・引用文献〉
①国立教育政策研究所（2013）、『社会の変化に対応する資質や能力を育成する教育課程編成の基本原理』（教育課程の編成に関する基礎的研究　報告書3）
②蛯谷米司『教科教育学概論』広島大学出版研究会、1981
③岩田眞樹子「小3～中2にかけての密度概念の発達」第31回日本認知科学会全国大会ポスター発表論文、2013
④ Smith, C., Carey, S., Wiser, M. (1985). On differentiation: A case study of development of the concepts of size, weight, and density. Cognition. 21, 177-237.

Word 科学的な見方や考え方再考

科学的な見方や考え方を育成するための重視すべき学習過程等の例

見通し（問題解決に向けて考える）

振り返り（変容の自覚）

自然事象に対する気付き

- 問題の見いだし
- 予想・仮説の設定
- 検証計画の立案
- 観察・実験の実施
- 結果の整理
- 考察や結論の導出

科学的な見方や考え方の成長
（深い学びの過程）

●学習指導要領における位置付け

現行の学習指導要領において「科学的な見方や考え方」については、以下のように述べられている。

> 「科学」というものの考え方と「見方や考え方を養う」ことの二つの部分に分けて考えることにする。
> ○「科学的」とは
> 　実証性、再現性、客観性の条件を検討する手続きを重視する。
> ○「見方や考え方」とは
> 　問題解決の活動によって児童が身に付ける方法や手続きと、その方法や手続きによって得られた結果及び概念を包含する。
> 　すなわち、問題解決の能力や自然を愛する心情、自然の事物・現象についての理解を基にして、見方や考え方が構築される。

以上のことを受け、アクティブ・ラーニングという視点から「科学的な見方や考え方」を再考してみることにする。

●アクティブ・ラーニングとの関係

アクティブ・ラーニングにおいては「深い学び」「対話的な学び」「主体的な学び」の３つの視点が示されている。この中で「見方や考え方」ととりわけかかわってくるものが「深い学び」であろう。つまり、資質・能力の育成や学習の深まりの鍵となるものが各教科の特性に応じて育まれる「見方や考え方」（理科では科学的な見方や考え方）であると考えられる。「見方や考え方」は、知識・技能を構造化して身に付けていくためには不可欠である。

こうした「見方や考え方」を習得・活用・探究を見通した学習過程の中で働かせながら思考・判断・表現し、「見方や考え方」をさらに成長させながら、資質・能力を獲得していくことが「深い学び」なのである。

例えば、自然の事物・現象から問題を見いだし、見通しをもって課題や仮説の設定や観察・実験の計画を立案するなど、課題解決に向けて科学的に考える場面や、学習過程を振り返って変容を自覚する学習場面を設けることが「科学的な見方や考え方」をより成長させ、深い学びの過程を実現することになる。さらにこのことによって主体的に取り組む態度が育成されていくであろう。

〈参考文献〉
①『小学校理科学習指導要領解説　理科編』
②文部科学省HP：http://www.mext.go.jp/b_menu/shingi/chukyo/chukyo3/060/siryo/__icsFiles/afieldfile/2016/05/10/1370458_6_2.pdf

Word 改めて自然の事物・現象について考える

小学校学習指導要領「理科」目標の推移（参考）

昭和33年度（昭和33年10月1日施行）
1．自然に親しみ、その事物・現象について**興味をもち**、**事実を尊重し**、自然から直接学ぼうとする態度を養う。

昭和43年度（昭和46年4月施行）
　自然に親しみ、自然の事物・現象を**観察**、**実験**などによって、**論理的**、**客観的**にとらえ、自然の認識を深めるとともに、科学的な能力と態度を育てる。

昭和52年度（昭和55年4月施行）
　観察、実験などを通して、自然を調べる能力と態度を育てるとともに自然の事物・現象についての**理解を図り**、自然を愛する豊かな心情を培う。

平成元年度（平成4年4月施行）
　自然に親しみ、観察、実験などを行い、問題解決の能力と自然を愛する心情を育てるとともに自然の事物・現象についての**理解を図り**、科学的な見方や考え方を養う。

平成10年度（平成14年4月施行）
　自然に親しみ、見通しをもって観察、実験などを行い、問題解決の能力と自然を愛する心情を育てるとともに自然の事物・現象についての**理解を図り**、科学的な見方や考え方を養う。

平成19年度（平成23年4月告示）
　自然に親しみ、見通しをもって観察、実験などを行い、問題解決の能力と自然を愛する心情を育てるとともに、自然の事物・現象についての**実感を伴った理解を図り**、科学的な見方や考え方を養う。

学習指導要領（教科目標）における 自然の事物・現象 の位置付け

昭和33年度
興味を持ち、事実を尊重し

昭和43年度
観察、実験などによって、
↓
論理的、客観的にとらえ、

昭和52年度
平成元年度
平成10年度
理解を図り、

平成19年度
実感を伴った**理解を図り**、

理科の教科目標には「**自然の事物・現象**についての実感を伴った理解を図り…」と掲げられている。

● 「事物・現象」とは ・・・
　井口尚之は、『新理科教育用語事典』の中で「事物・現象」について次のように定義している。

> (1) 意識の対象として現前しているもので、それ自らが、いろいろな性質を示しているもの。
> (2) 観察され確認された事実の集積によって得られまとめられた一般的な概念。
> 　すなわち、(1)は、眼前の固有な存在を指しているのに対して、(2)は、いろいろな事象を取りまとめた言い方をしているのである。

　さらに言い換えると、「目の前にあるもの」と、「観察・実験などによって事実が解明されたもの」の双方を示す言葉であることがわかる。上記の(1)または(2)を確認するために、さらには(1)(2)双方をつなぐものとして「実感を伴った理解」が重要になっている。

● これまでの「**自然の事物・現象**」・・・
　「小学校学習指導要領」に示された「自然の事物・現象」にかかわる部分を昭和33年告示分から見てみると、以下のようになっている。

> 　　　　　S33 ⇒ 自然に親しみ、その事物・現象について**興味をもち、事実を尊重し**、…。
> 　　　　　S43 ⇒ 自然の事物・現象を**観察、実験**などによって、**論理的、客観的にとらえ**、…。
> 　S52、H元、H10 ⇒ 自然の事物・現象についての**理解を図り**、…。
> 　　　　　H20 ⇒ 自然の事物・現象についての**実感を伴った理解を図り**、…。（現行）

　「事実を尊重」が「論理的、客観的にとらえ」に変わり「理解」、「実感を伴った理解」と変遷していることわかる。「実感を伴った理解」として活動していたものに「アクティブ・ラーニング」（以下ＡＬ）という考えが、加わってくることでどのように変わってくるのだろうか。

● 「実感を伴った理解」と「アクティブ・ラーニング」へ ・・・・・・・・・・・・・・・・・・・・・・・
　自然の事物・現象を「事実」として把握した上で、「実感を伴った理解」がスタートする。それを進めていくために、これまでもＡＬ的な活動は当然行っていたと思われる。
　ここで重要になってくるのが「自然の事物・現象をいかに把握するか」である。具体的には、
①諸感覚を駆使させ、事実を確かめる。⇒見てわかるものでも、可能であれば触らせる。
②初めて見たもの、様子を観察させる段階で表現（言語活動）させる。⇒短時間でも学級内、グループ内で紹介し合い、対話する場をつくる。（時間と場所の確保）
③事実を表現したものを次の段階以降で、すぐに振り返られるようにしておく。
　子どもたちが、新たな事物・現象と直面したときに、おのずとはじめられるようにしておくことが、まさに「ＡＬ」だと考える。
　でも、何よりも大切なことは、教師（指導者自身）が興味をもって、学習のスタートを切ることである。

〈参考・引用文献〉
・井口尚之『新理科教育用語事典－子どもの自然認識と指導のあり方（増補版）』初教出版株式会社

Word 理科における資質・能力とは？

小学校・中学校・高等学校を通じて理科において育成すべき資質・能力 (20160525)				
理科	知識や技能	思考力・判断力・表現力等	学びに向かう力、人間性等	資質・能力の育成のために重視すべき学習過程等の例
高等学校	**＜選択科目＞** ●知識・技能の深化 ●自然事象に対する概念や原理・法則の体系的な理解 **＜必履修科目＞** ●自然事象に対する概念や原理・法則の理解 ●科学的探究についての理解 ●探究のために必要な観察・実験等の技能	●科学的な探究能力（論理的・分析的・統合的に考察する力） ●新たなものを創造しようとする力 ●自然事象の中から見通しをもって課題や仮説を設定する力 ●観察・実験し、得られた結果を分析して解釈するなど、科学的に探究する力と科学的な根拠を基に考えを表現する力 ●仮説の妥当性や改善策を検討する力	●果敢に挑戦する態度 ●科学的に探究する態度 ●科学に対する倫理的な態度 ●自然事象に対する畏敬の念 ●諦めずに挑戦する態度 ●日常生活との関連、科学の必要性や有用性の認識 ●科学的根拠に基づき、多面的、総合的に判断する態度 ●中学校で身に付けた探究する能力などを活用しようとする態度	見通し／振り返り 自然事象に対する気付き 課題の設定 仮説の設定 検証計画の立案 観察・実験の実施 結果の処理 考察・推論 表現・伝達
中学校	○自然事象に対する概念や原理・法則の基本的な理解 ○科学的探究についての基本的な理解 ○探究のために必要な観察・実験等の基礎的な技能（安全への配慮、器具などの操作、測定の方法、データの記録等）	○自然事象の中に問題を見いだして見通しをもって課題を設定する力 ○計画を立て、観察・実験する力 ○得られた結果を分析して解釈するなど、科学的に探究する力と科学的な根拠を基に表現する力 ○探究の過程における妥当性を検討するなど総合的に振り返る力	○自然を敬い、自然事象にすすんでかかわる態度 ○粘り強く挑戦する態度 ○日常生活との関連、科学することの面白さや有用性の気付き ○科学的根拠に基づき的確に判断する態度 ○小学校で身に付けた問題解決の力などを活用しようとする態度	見通し／振り返り 自然事象に対する気付き 課題の設定 仮説の設定 検証計画の立案 観察・実験の実施 結果の処理 考察・推論 表現
小学校	■自然事象に対する基本的な概念や性質・規則性の理解 ■理科を学ぶ意義の理解 ■科学的に問題解決を行うために必要な観察・実験等の基礎的な技能（安全への配慮、器具などの操作、測定の方法、データの記録等）	（各学年で主に育てたい力） 6年：自然事象の変化や働きについてその要因や規則性、関係を多面的に分析して考察して、より妥当な考えをつくりだす力 5年：予想や仮説などをもとに質的変化や量的変化、時間的変化に着目して解決の方法を発想する力 4年：見いだした問題について既習事項や生活経験をもとに根拠のある予想や仮説を発想する力 3年：自然事象の差異点や共通点に気付き問題を見いだす力	○自然に親しむ態度 ○失敗してもくじけずに挑戦する態度 ○科学することの面白さ ○科学的な根拠に基づく判断する態度 ○問題解決の妥当性を検討する態度 ○知識・技能を実際の自然事象や日常生活などに適用する態度 ○多面的、総合的な視点から自分の考えを改善する態度	見通し／振り返り 自然事象に対する気付き 問題の見いだし 予想・仮説の設定 検証計画の立案 観察・実験の実施 結果の整理 考察や結論の導出

図1 中央教育審議会理科ワーキンググループ資料（平成28年5月25日版）

資質・能力を育むために重視すべき学習過程等の例（高等学校基礎科目の例）　　20160525

学習過程例（探究の過程）[1] 見通しと振り返りの例[2]	理科における資質・能力の例[3]	対話的な学びの例[4]
課題の把握（発見）　自然事象に対する気付き	●主体的に自然事象とかかわり、それらを科学的に探究しようとする態度（以後全ての過程に共通） ●自然事象を観察し、必要な情報を抽出・整理する力 ●抽出・整理した情報について、それらの関係（共通点や相違点など）や傾向を見いだす力	意見交換・議論
課題の設定	●見出した関係性や傾向から、課題を設定する力	意見交換・議論
課題の探究（追究）　仮説の設定（見通し[2]）	●見通しを持ち、検証できる仮説を設定する力	意見交換・議論
検証計画の立案	●仮説を確かめるための観察・実験の計画を立案する力 ●観察・実験の計画を評価・選択・決定する力	意見交換・議論
観察・実験の実施[5]	●観察・実験を実行する力	調査
結果の処理	●観察・実験の結果を処理する力	意見交換・議論
課題の解決　考察・推論（振り返り[2]）	●観察・実験の結果を分析・解釈する力 ●情報収集して仮説の妥当性を検討したり、考察したりする力 ●全体を振り返って推論したり、改善策を考えたりする力 ●新たな知識やモデル等を創造したり、次の課題を発見したりする力 ●事象や概念等に対する新たな知識を再構築したり、獲得したりする力 ●学んだことを次の課題や、日常生活や社会に活用しようとする態度	意見交換・議論
表現・伝達	●考察・推論したことや結論を発表したり、レポートにまとめたりする力	研究発表相互評価
次の探究の過程		

[1] 探究の過程は、必ずしも一方向の流れではない。また、授業では、その過程の一部を扱ってもよい。
[2] 「見通し」と「振り返り」は、学習過程全体を通してのみならず、必要に応じて、それぞれの学習過程で行うことも重要である。
[3] 全ての学習過程において、今までに身に付けた資質・能力や既習の知識・技能を活用する力が求められる。
[4] 意見交換や議論の際には、あらかじめ個人で考えることが重要である。また、他者とのかかわりの中で自分の考えをより妥当なものにする力が求められる。
[5] 単元内容や題材の関係で観察・実験が扱えない場合も、調査して論理的に検討を行うなど、探究の過程を経ることが重要である。
[6] 小学校及び中学校においても、基本的には高等学校の例と同様の流れで学習過程を捉えることが必要である。

図2 中央教育審議会理科ワーキンググループ資料（平成28年5月25日版）

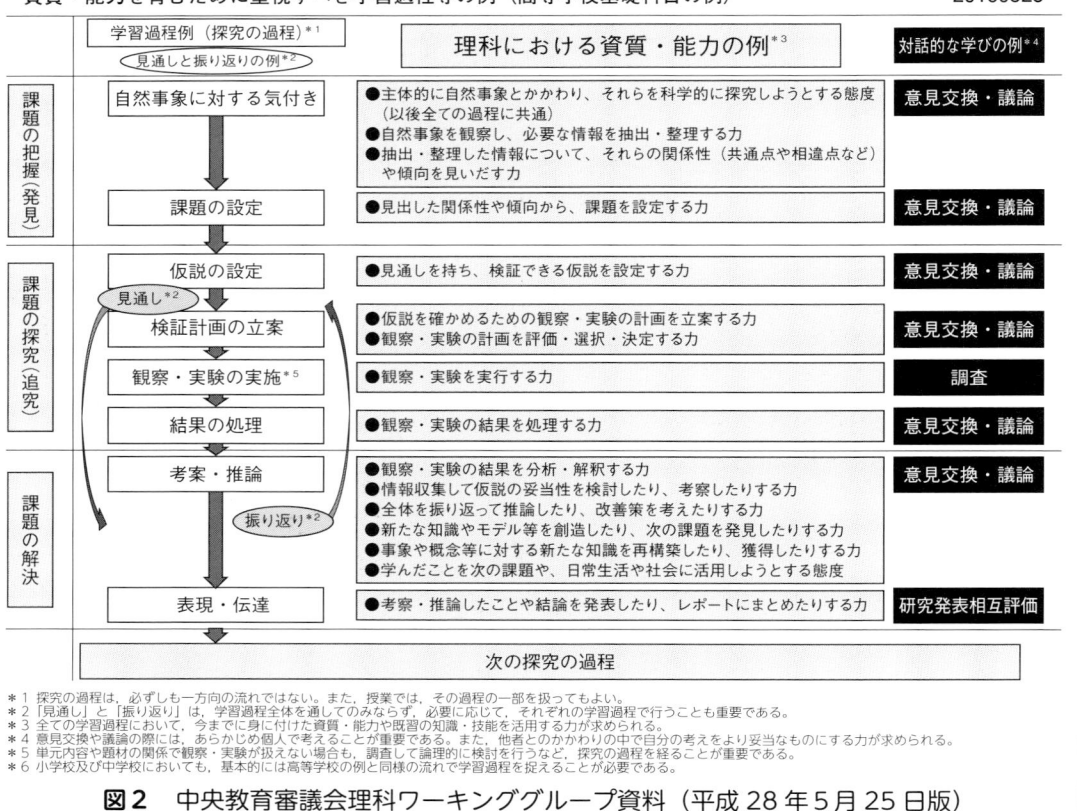

●資質・能力とは何か

　資質・能力を育成する教育課程の在り方に関する研究報告書１（平成 27 年 3 月：国立教育政策研究所）において、資質・能力とは何か次のように示されている。

> ◆資質・能力は、対象が変わっても機能することが望ましい心の働き

　このことから資質・能力とは、教科等を横断する汎用性の高いものととらえることができる。また、報告書では、資質・能力は、内容についての「学び方」や「考え方」に関するものと示されており、「方法知」に近いものと記されている。さらに、子どもは「資質・能力を使った方が良く学ぶ」ことが記されており、資質・能力は学びの「手段」として位置付け、知識の質を上げていくために資質・能力を戦略的に活用していくことが提案されている。

●理科における資質・能力とは何か

　中教審教育課程企画特別部会の「論点整理」（平成 27 年 8 月 26 日）では、学校教育法第 30 条第 2 項を受け、学習する子どもの視点に立ち、育成すべき資質・能力を次の 3 つの柱で整理しており、理科においてもこの 3 つの柱を踏まえ、小・中・高等学校において整理している（**図 1**）。
①何を知っているか、何ができるか「個別の知識・技能」
②知っていること・できることをどう使うか「思考力・判断力・表現力等」
③どのように社会・世界と関わり、よりよい人生を送るか「学びに向かう力、人間性等」

　小学校では、これまでも学年目標に位置付けている比較や関係付けなどは、問題解決の過程において、自然事象に働きかける視点として育成すべき資質・能力を学習活動に埋め込み、意識して指導している。しかし、何のため比較する必要があるのか、比較することでどのようなことが明らかになるのか、比較すること自体が学習の目的となっていたところがあった。

　図 1では、3 年生で比較することは、問題を見いだす力を育成すること、4 年生で既習学習や生活経験を基に関係付けることは、予想や仮説を発想する力を育成することなど、資質・能力が目的としてではなく、手段として位置付けられている。新しく示された理科における資質・能力とは、資質・能力を手段として子ども自身が自覚しながら活用できるよう、問題解決に位置付けることで、一層質の高い理科の学習を目指すための「学び方に関するメタ認知」と考えられる。

　また、**図 2**は、理科における資質・能力を育むために重視すべき学習過程の例（高等学校基礎科目）として中教審理科ワーキンググループで示されたものであり、資料中央の「理科における資質・能力の例」が、これまでの学習指導要領にはない新しい視点である。つまり、これを示すことで、理科の学習過程（問題解決）をなぞるのではなく、各学習過程において、何のために行うのか、どのような資質・能力を育むために行うのかを示唆しているのである。また、資料右端には「対話的な学びの例」が示されており、理科の資質・能力を育むためにはアクティブ・ラーニングからの視点も重要であることが示唆されているのである。

Word 子どもが「見通しをもつ」とは？

授業の構想

学習問題 ビーカーの水はどのようにあたたまるでしょうか

① 問題を把握し、予想を立てる。
② 解決の方向性を構想するために、予想と一致した場合得られる結果を見通して実験の計画を立てる。

予想（水の暖まり方を予想する）

- 児童ア：風呂は上の方が熱いから水面からだんだん下にあたたまっていく。
- 児童イ：金属板のように火に近いところから広がるようにあたたまっていく。
- 児童ウ：火に近いビーカーの底から徐々に上にあたたまっていく。

実験方法を計画

- 方法1　温度計で温度を測る 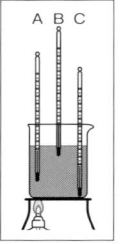
- 方法2　示温液を入れて色の変化を見る

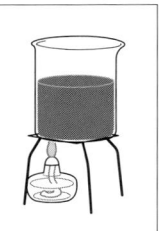

③ 各自が立てた予想、実験方法、結果の見通しをグループで発表し合い、自分の考えと異なる他者の予想実験方法に対して結果の見通しをもつ。

結果の見通し

方法1	児童ア	児童イ	児童ウ
	A→B→C	A→C→B	C→A→B
方法2			

結果

温度計	0分	2分	4分	6分	8分
A	25℃	37℃	45℃	52℃	58℃
B	25℃	34℃	41℃	48℃	64℃
C	25℃	30℃	38℃	45℃	53℃

火に近いところから、ピンク色に変わり、もやもやと上に上がっていった。水面を反対方向に動いていった。ピンク色の部分がだんだん下に広がっていった。

④ グループで実験方法を計画、結果の見通しをもつ。予想を確かめられないときは、実験方法を修正する。（再構成）

実験 ➡ 結果の記録

結果の見通し

- 火に近い部分からあたたまり、上に上がり水面に広がり、A→B→Cの順に温度が高くなっていったので、水は熱せられた部分が上に移動して上から順位あたたまっていくのではないか？
- 水が動いているように見えるが、あたたまることで水の流れができているのかを調べてみたい。

実験結果を基に、水のあたたまり方を考察する。
- 結果の見通しと比較する。
- 新たな問題を見いだす。（自覚化）

●子どもが「見通しをもつ」とは

平成20年小学校学習指導要領の目標及びその解説において次のように記されている。

> 自然に親しみ、見通しをもって観察・実験などを行い、問題解決の能力と自然を愛する心情を育てるとともに、自然の事物・現象についての実感を伴った理解を図り、科学的な見方や考え方を養う。
> 「見通しをもつ」とは、児童が自然に親しむことによって見いだした問題に対して、予想や仮説をもち、それらを基にして観察、実験などの計画や方法を工夫して考えることである。

そして、「見通しをもつ」ことの意義が2つあげられている。

> (1) 児童は、自らの生活経験や学習経験を基にしながら、問題の解決を図るために見通しをもつことになる。ここでの「見通し」は、児童自らが発想したものであるため、観察、実験が意欲的なものになることが考えられる。このような意欲的な観察、実験の活動を行うことにより、その結果においても自らの活動の結果としての認識をもつことになる。このことにより、観察、実験は児童自らの主体的な問題解決の活動となるのである。
>
> (2) 児童が見通しをもつことにより、予想や仮説と観察、実験の結果の一致、不一致が明確になる。両者が一致した場合には、児童は予想や仮説を確認したことになる。一方、両者が一致しない場合には、児童は予想や仮説を振り返り、それらを見直し、再検討を加えることになる。いずれの場合でも、予想や仮説の妥当性を検討したという意味において意義があり、価値があるものである。このような過程を通して、児童は自らの考えを絶えず見直し、検討する態度を身に付けることになると考えられる。

すなわち、「見通しをもつ」のは子どもであり、子どもが自己の責任において問題を解決していく活動や場を保障することで、問題解決の活動がより一層主体的になる。また、見通しをもつことによって、観察実験結果の一致、不一致が明確になり、自分の考えを絶えず見直し行動を改善するようになると考えられている。

平成27年教育課程企画特別部会であげられた「アクティブ・ラーニングの視点」では、

> 子どもたちが見通しをもって粘り強く取り組み、自らの学習活動を振り返って次につなげる。主体的な学びの過程が実現できているかどうか。

と示された。現行の学習指導要領と書かれている内容は同じように見受けられるが、

子どもたちが、粘り強く取り組み、主体的な学びの過程が実現できているかを問われている。つまり子ども自身が見通しをもつことで、<u>何のために学習を行っているかの**自覚化**をこれまで以上に強く打ち出している</u>と考えられる。

見通しをもつことは、その解決に見通しをもって実験・観察をしていくこととなる。問題解決の見通しがより自覚化されることで「結果の一致、不一致」の意味が自分たちの問題解決の結果として考察される。すなわち、自然の事物・現象に触れ合い、より科学的な手続きで（実証性や再現性、客観性などの）結果を検討していくことになる。以下、具体的な見通し場面を述べる。

①自分なりの「予想や仮説」に基づく「実験方法」「結果の見通し」をもつ。

②自分の考えを伝え合いながら、他者の見通しを理解していく。

③グループで、互いの考えのよさを比較しながら計画を立てる。

〈参考・引用文献〉

①『小学校学習指導要領解説 理科編』文部科学省、2008
②文部科学省「平成27年全国学力・学習状況調査報告書 小学校理科」2016
③中央教育審議会教育課程企画特別部会「論点整理」2016

Word 子どもが「比較する」とは？

比較によって問題意識をもつ

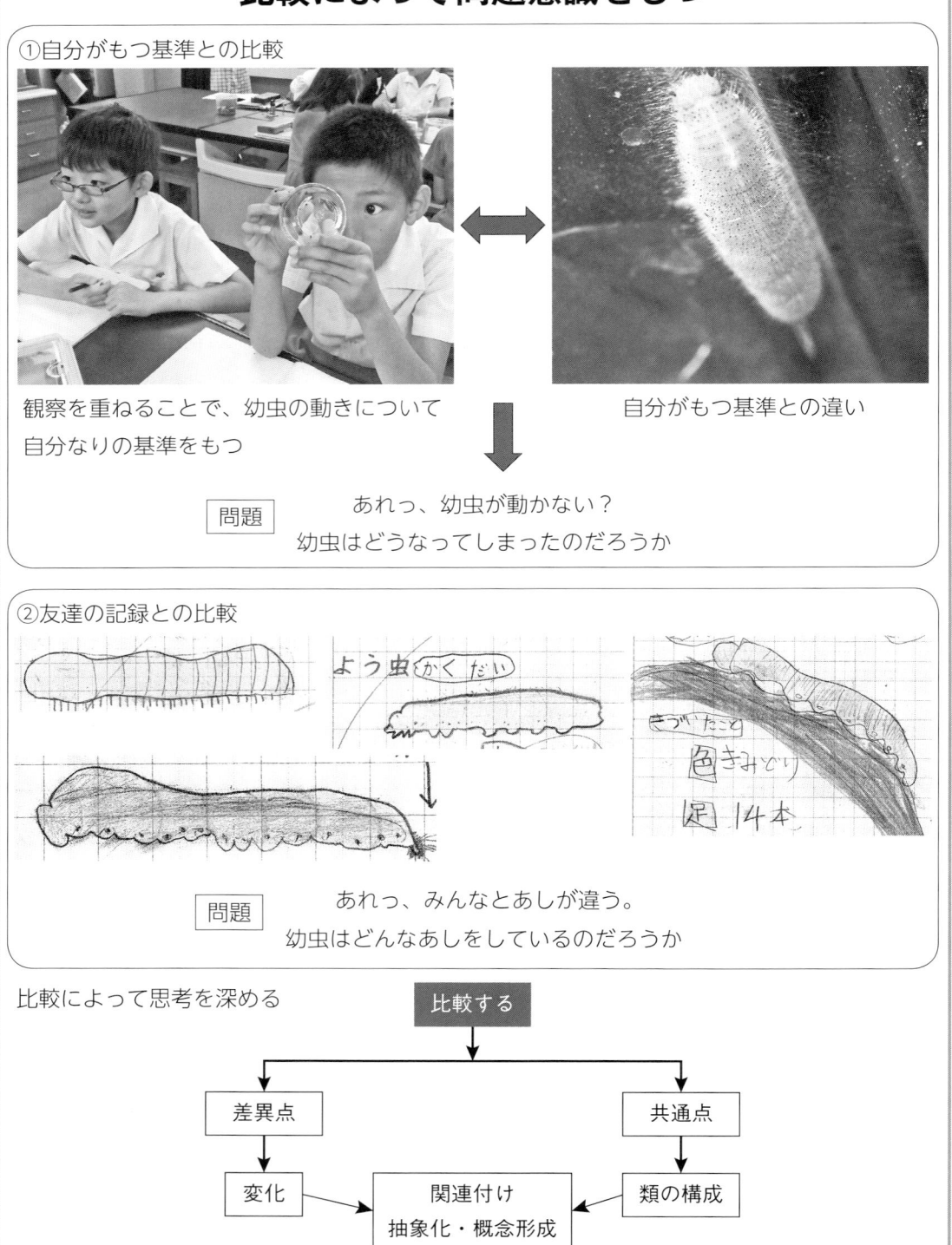

①自分がもつ基準との比較

観察を重ねることで、幼虫の動きについて自分なりの基準をもつ

自分がもつ基準との違い

問題　あれっ、幼虫が動かない？
幼虫はどうなってしまったのだろうか

②友達の記録との比較

問題　あれっ、みんなとあしが違う。
幼虫はどんなあしをしているのだろうか

比較によって思考を深める

比較する
├─ 差異点 → 変化 ──→ 関連付け
│   抽象化・概念形成
└─ 共通点 → 類の構成 ──↑

●アクティブ・ラーニングにおける比較

　事象と事象を対応させて比べることはよく行われる。比較は、思考の基礎的な能力に位置付けられ、理科教育において最も育成に力を入れていきたいことの一つになる。

　アクティブ・ラーニングにおいては、子どもたち自身が問題意識をもつことや、自ら思考を深めていけることが重要視される。この両場面で、比較する力が必要になる。

●問題意識をもつときの比較

　子どもたちは、それまでの経験から、事物や事象について、自分なりの基準をもつようになる。例えば、どの幼虫を見ても、葉をはうように動いているので、「幼虫ははうように動いている」という自分なりの基準をもつようになる。

　そして、自然の事物や事象に触れたとき、自分がもつ基準と比較が行われ、多少でも異なりがある場合、「あれっ」という思いをもつことになる。これが問題意識をもつということになる。今まで動いていた幼虫が、動かなくなって固まっている姿を見たとき、子どもたちは幼虫は動くものという基準との違いを感じて、「あれっ」という問題意識をもつことになる。

　問題意識は、自然の事物現象同士、他の子が表現した考えとの比較から生じることもある。モンシロチョウの幼虫をスケッチしたとき、人によって幼虫の脚に違いがみられることがある。それらを比較することで、本当はどんな脚をしているのだろうと、問題意識をもって再度観察することになる。

●思考を深める比較

　実験観察や表現活動を通して、自然の共通点や差異点が明確になってくる。生き物の観察をしてみると、モンシロチョウもアゲハチョウも、シオカラトンボにも脚が6本あることがわかる。体のつくりにも共通点があり、これらの生き物が同じ昆虫の仲間になることがわかってくる。具体物から抽象的な見方や概念をつくり出すためには、こうした比較から類似点を見付け出すことが必要になってくる。

　また、差異点を見付けることで、その自然がもつ特徴が明確になることもある。モンシロチョウの幼虫は16本の脚があるが、成虫になると6本になる。体のつくりも異なり、そこから変化が見えてくる。

●比較する力を育てる

　子どもたちの比較する力を育てるためには、いくつかの配慮が必要になってくる。実験・観察の初期の段階では、比較する視点を明確にしたり、比較しやすい環境を整えることが必要になってくる。同時比較は行いやすいが、時間的変化をとらえる場合には、記録が重要な役割を果たすことになる。植物の子葉とその後に出てくる本葉の違いを比べやすいように、並べて記録できるワークシートを用意する等の支援を行っていく。

Word 子どもが「追究する」とは？

表1　「思考を促す話型」

問題解決のプロセス	思考を促す話型
自然事象への働きかけ	①「(2つ以上のものを比べると) 〜が同じだ・似ている・違う」(比較する)
問題の把握・設定	②「まるで〜みたいだ」(別の事物・現象と関連付ける)
予想・仮説の設定	③「〜だと思う。なぜなら…」(因果関係を考える・理由付ける)
検証計画の立案	④「まず〜して、次に…して、最後に―する」(実験の手順を考える・順序立てる) ⑤「もし〜であれば(〜すれば)、…になると思う」(結果の予想をする・見通す) ⑥「〜以外はすべて同じ条件にしよう」(条件制御・分類する)
観察・実験	⑦「〜をしたら…になった」(働きかけに対する結果・変化をとらえる)
結果の整理	①「(2つ以上のものを比べると) 〜が同じだ・似ている・違う」(比較する) ②「まるで〜みたいだ」(別の事物・現象と関連付ける)
考察	⑧「〜になったのは、…だからだ」(原因・結果の関係付け・理由付け) ⑨「自分の考えと〜が似ている・…が違う」(自他の解釈を比較する・関係付ける)
結論の導出	⑩「〜だから…だと考えられる(…だといえる)」(事実を根拠に推論する)

表2　「表現のためのツール」

①自分の身体を上手に使う…「自分の手と比べて〜」「(手を広げて) これぐらいの大きさ」
②別のものに置き換える・別のものと比べる…「ヒマワリの高さをテープで表わすと…」「〜と同じくらいの大きさだ」「えんぴつ〜本分の長さだ」「〜よりはやい」「〜の方が重い」「〜だけ音がする」
③わかりやすい数で表す…「m・cm・mm」「kg・g・mg」「L・dL・mL」「日・時間・分・秒」
④変化を時系列で表す…「前回よりも…になった」「〜日たつと…」「初めは…」「だんだんと(少しずつ)〜」「すぐに〜」「〜だったのに、…○分たったら」
⑤記録する際に言葉だけではうまく説明できないとき⇒図を使う
⑥発表する際に言葉だけではうまく説明できないとき⇒実物を見せる・やってみる・写真を使う
⑦2つ以上のものを比べて記録するとき⇒表を使って整理する
⑧大きさの違いや変化の様子を記録するとき⇒グラフを使って整理する
⑨目に見えないものを説明したり考えたりするとき⇒イメージ図を使う
⑩発見したことやわかったこと(事実)と、思ったことや考えたことは区別する

子ども：「流れ星みたいだ」⇒思考を促す話型②・表現のためのツール②を使っている。
教師：「食塩が流れ星のように見えたんだね。わかりやすい表現だね」⇒**認め、評価する。**
教師：「どうして流れ星のように見えたの？」⇒考えの根拠となる**事実を引き出すための助言をする。**

〈実験の様子〉　〈食塩のシュリーレンの様子の図〉

ケース1

子ども：「だって、透明の線を出しながら食塩が下に向かって落ちていって、途中で見えなくなったんだもん」⇒表現のためのツール④を使っている。
教師：「食塩が変化する様子を、順を追って観察できているね」⇒**事実を捉え、説明できていることを認め、評価する。**
教師：「この透明の線は何だと思う？」⇒**子どもがとらえた事実から問題となる部分を焦点化し、考察へ導く問いかけをする。**

ケース2

子ども：「どうしてと言われても、難しいな」
教師：「食塩の様子を絵に表せないかな？」⇒**表現のためのツール⑤を使うことを助言する。**
子ども：「食塩が□□だとすると、上の部分がこうなって…」
教師：「なるほど。上に出てきた透明の線が流れ星のように見えたってことなんだね」⇒**図を使って説明できたことを認めたり、言葉を補ったりする。**

子ども：「透明の線は食塩から出ていて、食塩はどんどん小さくなっていくから、食塩が水に溶けているときに現れる線なんじゃないかな」
教師：「食塩の変化の様子をもとに考えることができたね」⇒**事実を根拠に推論できていることを認め、評価する。**

図　子どもが「追究するためのツール」を使いこなすための教師の働きかけ

●子どもが主体的・対話的に「追究する」ために必要なこと

　「追究する」とは、「ものごとをどこまでも調べて明らかにしていくこと」である。つまり、理科の授業で言えば、子どもが見いだした問題を解決するために、観察・実験を行い、結果を考察し、結論を導くという「問題解決のプロセス」である。さらには、その結論から新たな問題が生まれ、「追究」が繰り返されていく。こうした一連のプロセスを、子どもが主体的・対話的に行うことが求められている。

　子どもが主体的・対話的に「追究する」には、学習する中で「どのように問題解決をしていけばよいか」という**「追究するためのツール」を獲得し、使いこなせるようになる必要がある**のではないだろうか。「追究するためのツール」を、子どもが無の状態から獲得することは不可能である。教師が子どもの必要に応じて「追究するためのツール」を提示し、最終的には子どもが選択し、使いこなせるようになる場を保障していく必要がある。ここでは、「追究するためのツール」をいくつか紹介する。

●「追究するためのツール」とは

　理科は、事象からたくさんの発見がある教科であり、多種多様な発言や発見を伝えたい欲求が生まれやすい。主体的に追究するには、事象から情報を得る見方や多種多様な考えを整理してまとめる必要がある。考えるために必要な見方や考え方の枠組みを**「思考を促す話型（表１）」**とした。また、伝えたいのに伝え方や適切な言葉を知らないなどの理由でうまく伝えられず、対話的に追究することが難しい場面もある。伝えるために必要なツールを**「表現のためのツール（表２）」**とした。

　ただし、「追究するためのツール」は、主体的・対話的に考えたり伝え合ったりするための手段の一部であり、使うことが目的になってはならない。「追究するためのツールを使わないといけない」と子どもが意識しすぎて、子どもの自由な発想、発言の機会が失われてしまっては、理科の根幹である「自然に親しむ」場を保障できなくなってしまう。

　よって、「追究するためのツール」は、最初に子どもに教え込むのではなく、子どもたちの発言を価値付けてまとめていくことが望ましい。そのためにも、教師が十分に理解し、どの場面でどのツールを使うことが効果的なのかを把握しておき、考えや伝え合いが深まるように、適切な指導・助言を行うことが大切である。

●「追究するためのツール」を使いこなす子どもを育てるために

　「追究するためのツール」を使いこなせるようにするには、**教師の働きかけが大切**である。左頁の**図**は、第５学年の「物の溶け方」の「水の中に食塩を入れ、食塩が水に溶ける様子を観察する」場面での教師の働きかけを考えたものである。

Word 子どもが「関係付ける」とは？

● 関係付けるとは・・・

　小学校学習指導要領　理科の第4学年の目標に次のように記されている。

> 　本学年では、学習の過程において、前学年で培った、自然の事物・現象の差異点や共通点に気付いたり、比較したりする能力に加えて、自然の事物・現象の変化とその要因とを関係付ける能力を育成することに重点が置かれている。

　また、井口尚之は『新理科教育用語辞典』の中で、「関係付け」について以下のように定義し、

> 　固有の事象を、知的構造に組み込もうとして、その事象の一部として明瞭に存在することと、他の一部として明瞭に存在することを不離の関係であろうと求めていく過程が、関係づけである。

　さらに、次のように言い換えている。

> 　「或る変化が起こる」それを「起こすもの」は何かと、関係ありそうなものを探し出そうとして、そこに起こっている現象の中から、あれこれと、いろいろに観点を変えながら探し求めることが関係づけである。

〈第4学年　水・空気・金属の熱膨張より〉

「ペットボトルを手で押す」
→「容器の中の空気が圧される」
→「容器の中の空気が移動する」
→「シャボンの膜が膨らむ」
　つまり、「空気を押す」ことと、「空気が移動する」ことが関係付けられる。

「丸底フラスコを手で持つ」
　ペットボトルとは違って、容器を押すことはできない！…ということは他の要因があるはずだから…

→「丸底フラスコが温められる」
→「容器の中の空気が温められる」
→「容器の中の空気が膨らむ」
→「シャボンの膜が膨らむ」
　つまり、「空気を温める」ことと、「空気が膨らむ」ことが関係付けられる。（※1）

　それでは、理科において、アクティブ・ラーニングにおける「関係付ける」とは、いったいどのようなものなのだろうか。具体的な場面をもとに説明する。

● **具体的な場面**

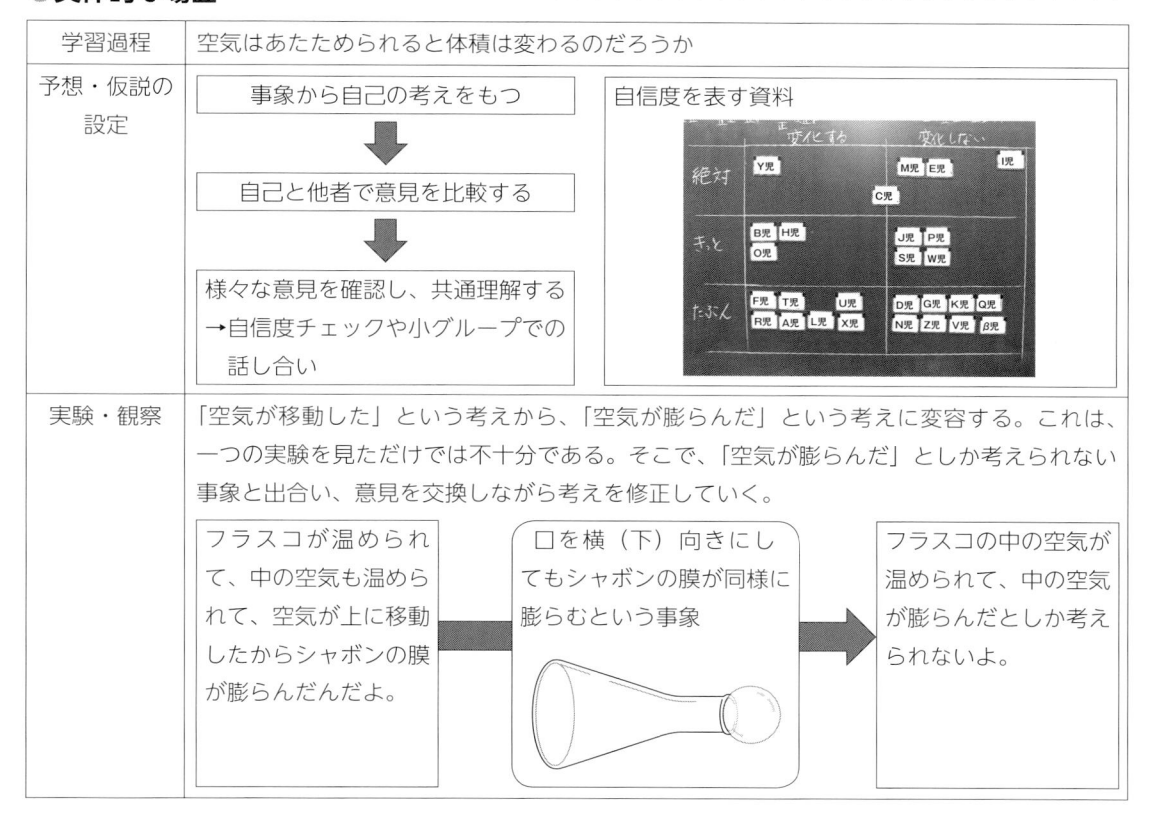

学習過程	空気はあたためられると体積は変わるのだろうか
予想・仮説の設定	事象から自己の考えをもつ　↓　自己と他者で意見を比較する　↓　様々な意見を確認し、共通理解する　→自信度チェックや小グループでの話し合い　／　自信度を表す資料
実験・観察	「空気が移動した」という考えから、「空気が膨らんだ」という考えに変容する。これは、一つの実験を見ただけでは不十分である。そこで、「空気が膨らんだ」としか考えられない事象と出合い、意見を交換しながら考えを修正していく。　［フラスコが温められて、中の空気も温められて、空気が上に移動したからシャボンの膜が膨らんだんだよ。］→［口を横（下）向きにしてもシャボンの膜が同様に膨らむという事象］→［フラスコの中の空気が温められて、中の空気が膨らんだとしか考えられないよ。］

● **アクティブ・ラーニングにおける「関係付ける」際のポイント**

先の定義にもあるように、「変化するもの」と「その要因」の2つの事実が存在し、はじめて関係付けにつながる。その際、次の2点を意識することを忘れずにいたい。

①**自己の立場を明確にする**

「他人事」ではなく「自分事」として事実を受け取ることである。学級内の発言力に優劣が生じていたり、自己の立場を不明確にしたまま授業に臨んだりすると、どうしても学習に対して受動的になる場合が多い。その対策として、学習の分岐点となる時点を教師があらかじめ認識し、個々人の考えや思いを確認・共通理解しておくことが必要である。

②**アクティブな場の設定**

アクティブ・ラーニングを取り入れた学習の流れにおいて、インプット以上にアウトプットが重要視される。だが、単にアウトプットを目的とするのではなく、そこに子どもの意欲が伴う必要性がある。「関係付ける」ことではなく、「関係付けたくなる」場が必要であり、「他者に伝える」ことではなく、「他者に伝えたくなる」場が求められる。そのためには、子どもが、関係付けるための知識や経験をもっている（もてる）場を用意し、関係付ける事象に、驚きや納得が存在する（驚きや納得を含む事象を意図的に組み込む）ことが必要である。

〈参考・引用文献〉

・文部科学省『小学校学習指導要領解説　理科』2008／②井口尚之『新理科教育用語辞典』1991

Word 子どもが「推論する」とは？

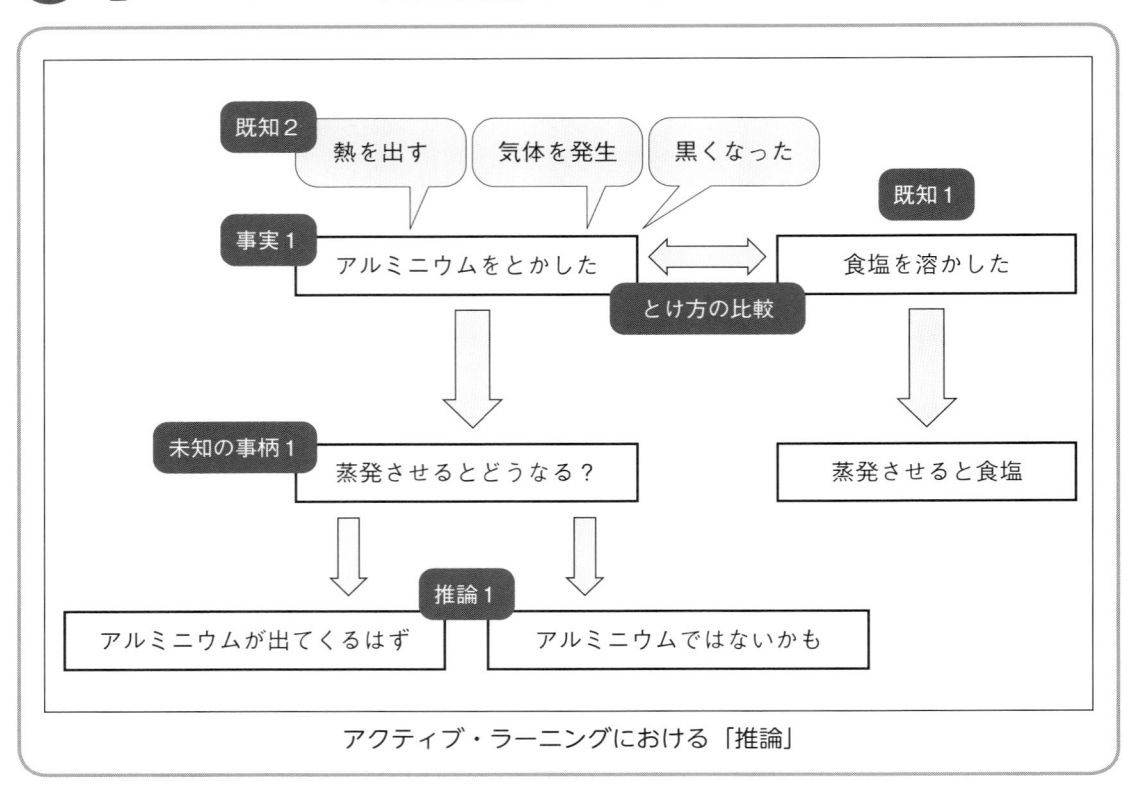

```
既知2
  熱を出す    気体を発生    黒くなった
                                        既知1
事実1
  アルミニウムをとかした  ⇔  食塩を溶かした
                    とけ方の比較

未知の事柄1
  蒸発させるとどうなる？        蒸発させると食塩

          推論1
  アルミニウムが出てくるはず    アルミニウムではないかも
```

アクティブ・ラーニングにおける「推論」

●子どもの実態から考える推論

6年　水溶液の性質の単元においては、以下の学習内容が含まれる。

> ウ　水溶液には、金属を変化させるものがあること。（学習指導要領）

また、学習指導要領　第6学年の目標には、次のように記されている。

> 第6学年の目標は、**自然の事物・現象の変化や働きをその要因や規則性、関係を推論しながら調べ**、問題を見いだし、見いだした問題を計画的に追究する活動を通して、物の性質や規則性についての見方や考え方、自然の事物・現象の変化や相互関係についての見方や考え方を養うことである。

では、「推論する」とはどういうことだろうか。「予想する」とは違うのだろうか。
辞書には以下のように掲載されている。

> 【予想】
> 　物事の成り行きや結果について前もって見当をつけること。また、その内容。
> 【推論】
> 　**既知の事柄を基にして未知の事柄について予想し、論じる事**である

6年生最初の単元から、十分に推論できるかというとそうではない。学習内容が難しくなっているのに、何の手立てもなく推論をさせようとしてしまえば、深い学びはなく、学ぶ意欲は

なくなり、「できる子どもだけがなんとなくわかる授業」となってしまう。

●単元「水溶液の性質」における推論

左頁の図は、塩酸にアルミニウムを入れた場面である。

事実1 だけで 推論1 を十分に行うことは難しい。「蒸発させると溶かしたものと**同じもの**が出てくる」という 既知1 と、「『とけ方が全然違う』という直前の実験結果」である 既知2 との比較が重要となる。

1年前の学習なので当然、子どもの実態によっては 既知1 を振り返る必要がある。また、既知1 と 2 は「違う現象」（とけ方）だということに気付かないと学習は深まらない。

もう少しで何かわかりそうだとなったとき主体的な学習となる。何のために比較する必要があり、比較することでどのようなことが明らかになるのかを自覚しながら、知識を活用できるのである。

●推論のための具体的な手立て（AL）

主体的・対話的に学ぶ（アクティブ・ラーニング）ためには、多くの手立てが必要である。

教師側が「現象やそれに対する子どもの思考」を分析し、子どもの実態に合わせて「効果的なツール」を用い、単元を通して、また年間を通して推論する能力を育成していく必要がある。

図 では、推論1 につなげるためには、「グループや全体での対話的な話し合い」や「教師からの視点の提示」がないと、ただの根拠のない予想となってしまいがちである。

ここでの深まりがないと、次の「アルミニウムは塩酸に入れるとどうなったのだろうか」と考える場面では、何のために実験しているのかがわからなくなってしまう。

前述の思考の流れを頭の中で整理して1人で考えることはむずかしい。思考の流れをわかりやすくするためのツールとして「矢印等を用いた板書」も重要となる。

また、対話的に学ぶためのツールとして、「グループごとに考えさせる学習形態」をとる。アルミニウムと比べたときに、見た目で色や形が違えば満足な子どももいるが、「過去の学習を生かせば、他にも確かめる方法がある」などと促すことで、他の方法も考えようとするだろう。獲得した知識を活用できるようになると、グループの達成感も充実し、さらに主体的な学習へと深まっていく。

対話的な学びの過程を経ることで、より理解が深まると考える。グループで様々な実験方法を導き出すことは、「自ら考えて理解を深めること」や「次に学びたいことを見付ける主体的な学び」、また「推論する能力を育てること」につながる。

このように、6学年において推論する能力を育てるには、実態に合わせて、単元を通して、年間を通して、深まっていくような単元構成をしていく必要がある。

Word 観察・実験―子どもの思考を「見える化」する

言葉つなぎ（Concept Mapping）による「見える化」

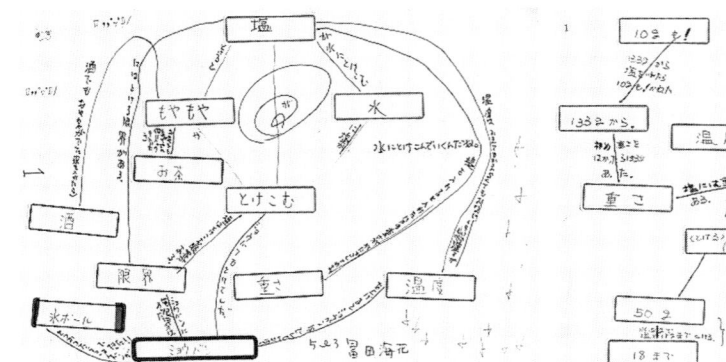

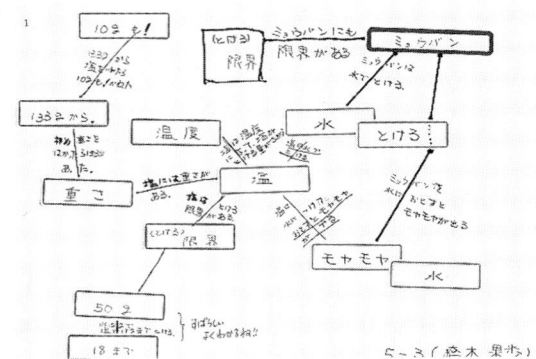

イメージ図などによる「見える化」

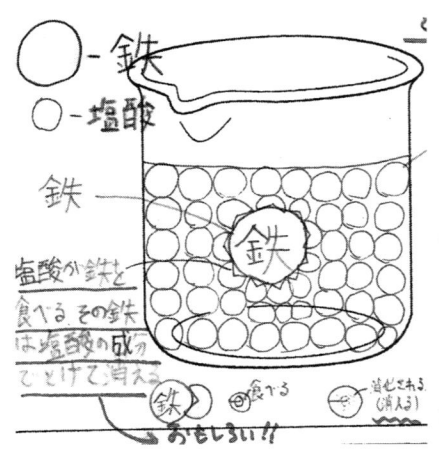

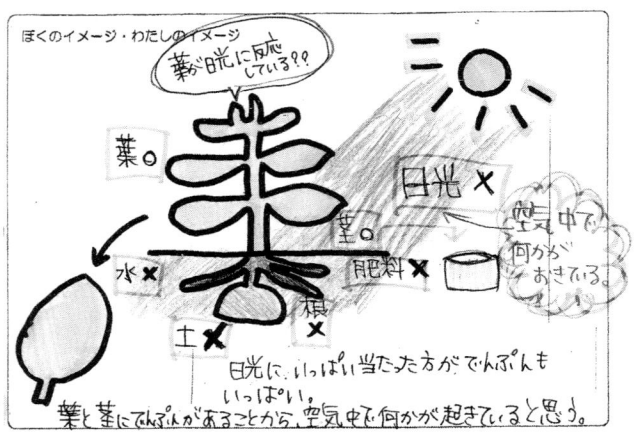

共通理解するためそれぞれのイメージを「見える化」

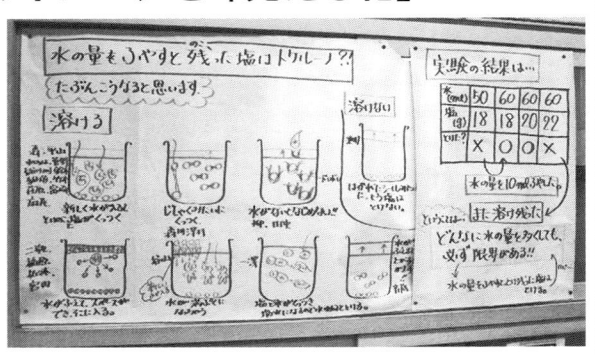

●なぜ、子どもたちの思考を「見える化」するのか！？

　観察・実験は、問題解決の過程において中心となる活動である。観察・実験は、子どもたちの予想を確かめるために行うものである。であるならば、それぞれの子どもがその事象に対してどんな考えをもっているのか、また、どのように予想しているのかをつかむことは、授業者だけでなく、共に学ぶ学級全体の子どもたちにとってたいへん重要なことである。

　「見える化」した考えをもとに、予想の話し合いが行われ、それぞれの考えのズレをもとに、どのような視点をもって観察・実験を行うべきかが共通理解される。観察・実験前に行われる、この「見える化」があってこそ、観察・実験後に子どもたちは、結果をもとに考察で、さらに思考を深め、新たな見方や考え方へ自分の考えを更新していくのである。

●「見える化」するにはどんな方法があるのか！？

　子どもたちの考えを「見える化」するには、言葉、図や絵、身体表現などが挙げられるが、ここでは、言葉つなぎ（Concept Mapping）とイメージ図を紹介する。

(1) 言葉つなぎ（Concept Mapping）

　関係のあると思う言葉同士をつなぎ、つないだ線の横につなげた理由を書き込むのが「言葉つなぎ」である。使う言葉は教師が考える場合もあれば、子どもたち自身が考える場合もある。「言葉つなぎ」によって子どもが、観察・実験を通してつかんだことを、これまでに学んだこととどのように結び付けているのかがわかる。教師は、それぞれの子どもが表現した「言葉つなぎ」を見ながら、子どもたちが観察・実験で見たことをどのように考えているのかを確認する。また、子どもも「言葉つなぎ」をつくりながら、今まで学習してきたことと、観察・実験で得たことがどのように結び付いているのかを確認することができる。そして、わかっていること、はっきりしないことを自分自身で認識し、次の学習へつなげることができる。

(2) イメージ図

　溶けている食塩、導線の中を流れる電流、注射器の中に閉じ込めた空気など、目ではとらえにくい事象を見えているかのように表現するのがイメージ図である。空気や電気を擬人化するような表現もあれば、塩酸、鉄を○や□などの記号で表すようなものもある。表現方法は子どもに任され、自由な発想で表現できるのがイメージ図の特徴である。それぞれの図や絵が何を表しているのか、教師、または子ども同士で問い返すことで表現はさらに具体化したり、深めたりすることができる。「水が食塩を食べて満腹になったという表現と水の電車に食塩が乗って満員になったという表現は共通しているところがあるね」など、教師は、予想や考察で、イメージ図同士の共通点や差異点を明確にしながら話し合いをコーディネートすることで、子どもたちが思考する視点をクローズアップさせることができる。

●「見える化」したものを振り返ることで考えの深まり、広がりを実感する

　「見える化」した表現の変遷を子どもたち自身が振り返ることで、どのように考えが変容してきたかを実感することができる。このようにメタ認知を通して自分の思考の深まり、広がりを実感できるのも「見える化」のよさである。

理科における「説明活動」とは？

【アクティブラーニングで活用できる
「説明活動」メニュー】

■単元の終末で行う「説明活動」
　①プレゼンテーション方式
　　グループ内で相談しながら発表内容を検討する。
　　「発表会」「ガイドツアー」「科学実験ショー」
　　「○○博物館」など。
　②本作り方式
　　グループで活動を振り返り、説明内容を創る。
　　「○○大事典」「マニュアルづくり」「新聞づくり」

■単元の途中、または、「次」の区切りで行う「説明活動」
　③モデル図方式：モデル図を活用して説明し合う。
　④モデル実験方式：モデル実験を活用してプレゼンする。
　⑤教え合い方式：教師役になって説明し共同作業する。

■1時間の終末で行う「説明活動」
　⑥ミニ説明：1つの場面を指定して説明し合う。
　　「小テスト方式」、「くり返し方式」
　⑦まとめ説明：授業のまとめを書き、仲間と見合う。
　　現象の意味を記述させる（ワークシート）。
　　ノートに「わかったこと」を書かせるなど。

ガイドツアーの練習風景

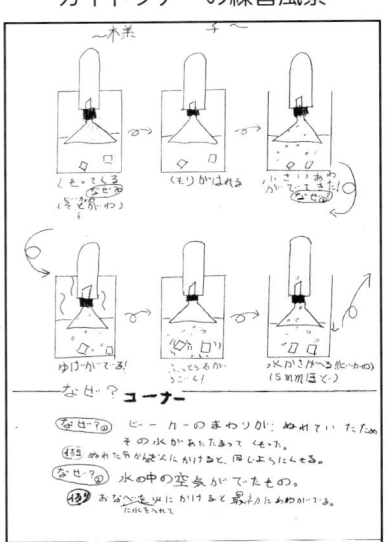

本づくり方式の内容

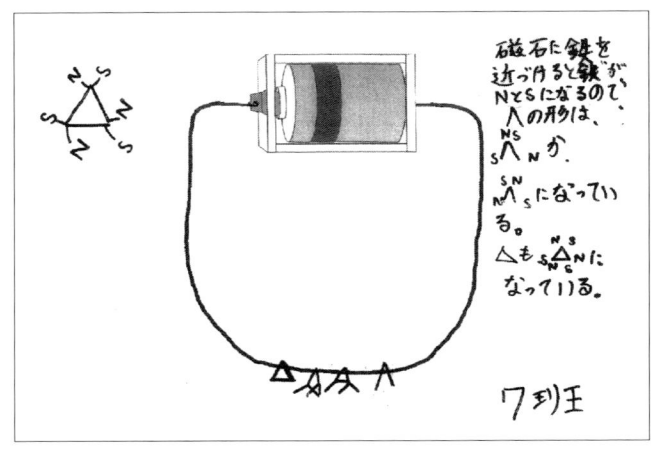

ミニ説明の例

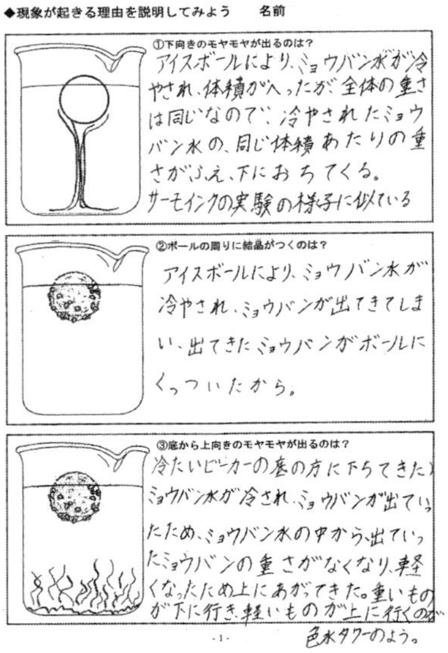

まとめ説明の例

● **定義**

　説明活動とは、設定されたテーマについて、学習者（説明者）自身のもつ知識や技能を、仲間以外の他者を相手と想定し、相手の知識や技能の状態に合うように道具を用いるなどしてわかりやすく説明する（または、説明を創る）ことである（森田和良著『科学的な読解力を育てる説明活動のレパートリー』学事出版、2006より）。

　さらに、説明するために必要な情報や道具を得る活動、例えば、実験や観察、説明に必要なモデルや模型の製作、仲間との議論などの活動も含むが、説明活動は、明確にわかったところと曖昧なところを切り分けることができる「振り返り」に重きを置く活動であるので、テーマについて意見交換するような「話し合い活動」とは一線を画す。

● **効果的に行うポイント**

(1) 「書き言葉」で説明することを重視

　理科の「説明活動」では、観察・実験結果をきちんと踏まえて、その事象の意味を「書き言葉」で表現することが大切である。「話し言葉」の説明では、理解が曖昧でもそのまま流れてしまうことがあるが、「書き言葉」の説明は、自分がわかっていることと曖昧な部分とがきちんと区別できる。そこから「わかったつもり」が自覚できる。

(2) 「他人への説明」を前提とする

　仲間同士の説明活動は、無意識のうちに「暗黙の了解」が存在し、「省略」「簡略化」されて行われる。ところが、情報を共有しない他者へ説明する場合には、相手の予備知識を想定し、説明不足にならない説明が求められる。「たとえ」とか「モデル」という"道具"を使った説明は、相手のもっている知識の活用を促す効果があり効果的だ。

(3) 言葉だけでなく図などの道具を用いて表現する

　説明は、主に言葉を使って行われる。しかし、聞き手が勝手にその言葉に別の意味やイメージを付加させて解釈することもある。そこで、図や絵、模型、実物などの"道具"を言葉と一緒に提示することで、伝えたい内容を限定することができる。

(4) 他者との交流がある

　他の子どもと交流し、それを参考によりよい説明を考えさせることが大切。自分の考えを批判的に見直すことは難しいので、交流を通して他者の視点を意識させるとよい。

(5) 質問を受ける場を設定する

　「質問を受けること」も重要。質問に対してどれだけ答えられるかは、発表者の理解の度合いを示す。また、質問を予想することを通して、説明内容の吟味もできる。

　一方で、聞き手も、説明内容に対して「自分がどう判断するのか」という構えが必要となる。説明内容から重要な情報を読み取る「読解力」が求められる。質問を通して、「わかったつもり」から「よりよくわかる」自分へ発展させていくことができる活動となる。

Word 理科における「ジグソー法」とは？

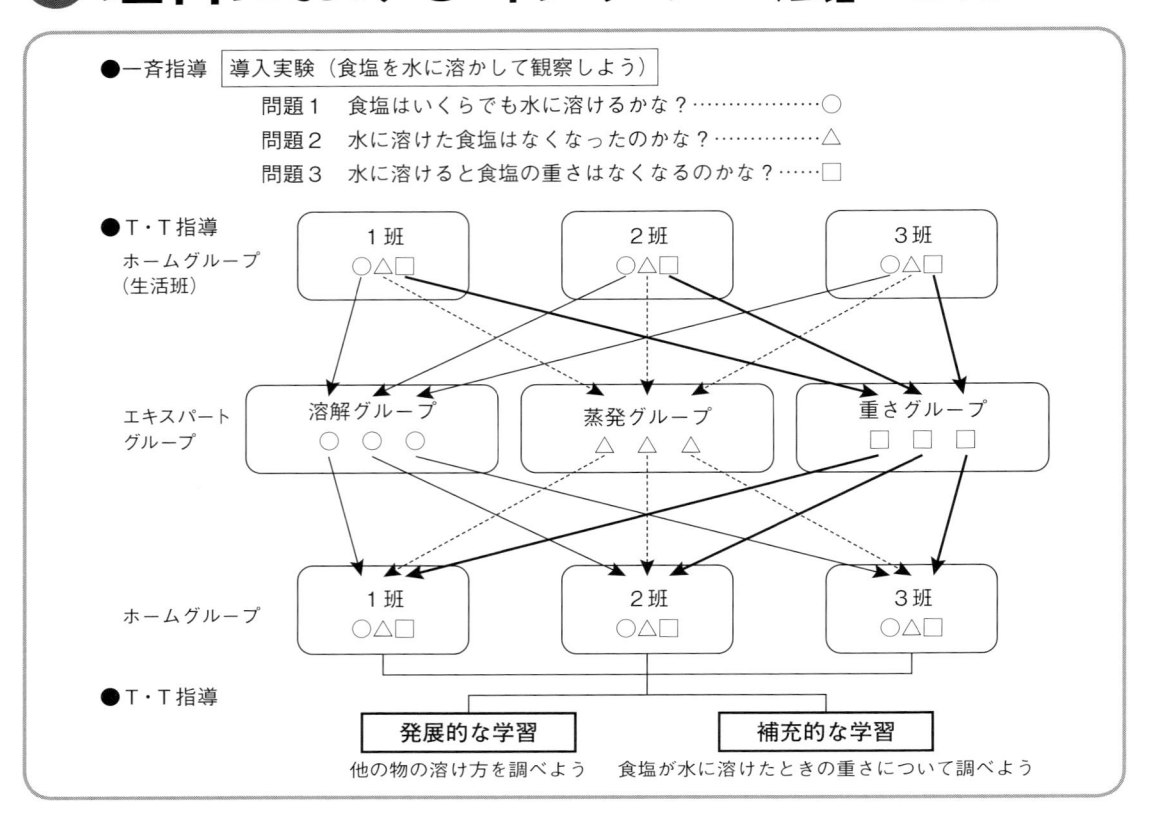

```
●一斉指導  導入実験（食塩を水に溶かして観察しよう）
        問題1  食塩はいくらでも水に溶けるかな？………………○
        問題2  水に溶けた食塩はなくなったのかな？……………△
        問題3  水に溶けると食塩の重さはなくなるのかな？……□

●T・T指導
ホームグループ     1班        2班        3班
（生活班）      ○△□      ○△□      ○△□


エキスパート   溶解グループ   蒸発グループ   重さグループ
グループ      ○ ○ ○     △ △ △     □ □ □


ホームグループ     1班        2班        3班
            ○△□      ○△□      ○△□

●T・T指導
          発展的な学習        補充的な学習
       他の物の溶け方を調べよう  食塩が水に溶けたときの重さについて調べよう
```

●ジグソー法とは何か

　Aronson（1978）が開発したジグソー学習（法）とは、誰もが発表者となることで全員の表現力・思考力を高めようとする学習方法の1つである。手続きとして、次のような手順を踏む。

> ①はじめに、4～5人程度の小集団をホームグループとし、編成する。（生活班等）
> ②グループの中で課題からいくつかに分かれた問題の1つを各自が担当する。
> ③次に他のグループと同じ問題を担当する子ども同士になるグループを編成する。（エキスパートグループ）
> ④同じ問題を担当する同士で、問題を追究し、結果を出す。
> ⑤元のグループに戻って、学習成果（結果）を各自説明し合う。
> 　　　　　　　『個に応じた指導に関する指導資料　小学校理科編』文部科学省（2002）．p23 より（図参照）

　ホームグループには自分以外に同じ問題を追究した子どもはいないため、一人一人が責任をもって説明する必要がある。

　この方法は、教え合う状況が設定されているため、子ども相互のかかわりは深くなるが、自分が担当した問題しか直接経験できないという問題点もある。そこで、説明を受けた後、他のグループが行った実験を行う補充的な学習などの配慮が必要である。

●理科におけるジグソー法のポイント（第5学年：物の溶け方の事例）

[ポイント1] 事象提示から問題を類型化する　KJ法の活用（囲み①～③の段階）

　1mの塩化ビニル管を用い、食塩を2～3粒ずつ続けて落としていく事象提示を行う。事象提示から気付くことを付箋紙などに各自が図解風に書き、黒板に貼っていく。その際、KJ法を用い、子ども自身が判断し、類型化させながら黒板に付箋紙を貼っていくようにする。

　ここでは、自分が疑問に思ったことを自由に書くようにすることが大切である。また、なかなか疑問が思い付かない子どもには、先に貼ってある付箋紙を自由に見てよいことを伝え、他者の考えを参考にして真似てもかまわないことや自分の考えをもって参加することが重要であることを伝えるようにする。ここで、類型化された付箋紙ごとにグループを再編成し、ラベルを子ども自身に相談させながら決めさせることで、エキスパートグループの問題が自覚化される。例えば、「食塩はいくらでも水に溶けるのか？限界挑戦グループ」などのラベルのネーミングがグループの共通目標となる。

[ポイント2] 実験方法を構想し実験する　ブレインストーミングの活用（囲み④の段階）

　同じ問題を担当するもの同士で問題を追究する際に、どのような実験方法を採用するか、ブレインストーミングの手法を活用し、実験方法を決めていくようにする。ブレインストーミングでは、質より量のアイディアを求める。したがって、どんなアイディアを出し合っても相手を尊重するといった協調する学級文化が前提となる。また、理科室や準備室にある実験器具等を自由に使ってよいことを知らせることで、子どもの活動（思考）はよりアクティブとなる。その際、目的遂行のために安全に実験が実行されることを教師が確認した上で取り組ませることが大切である。例えば、溶解限度に着目したグループの実験では、教科書に示された、ビーカーに決まった量の水を入れ、計量スプーンで何グラム溶けるのかを調べたり、試験管を用い、1mの塩化ビニル管と同様の実験を繰り返し行い、試験管の底には溶けた食塩がたまっていき、その部分では食塩が溶けないことを調べたりする実験が考えられる。

　このように、個人の考えをしっかりもたせた対話による学習は、グループにお客さんがいなくなる。次のホームグループで自分の行った実験について説明することを意識して取り組むようになるのである。

[ポイント3] メンバー間による合意形成を行い共有知識をもつ（囲み⑤の段階）

　元のホームグループに戻って説明する際に、言葉だけの説明では相手に理解が得られない。ここでは、再実験できるものは説明しながら子ども自身が演示したり、動画撮影しておいた実験の様子を見せながら説明したりする工夫が大切である。理科ならではのジグソー学習として大切にしたいことは、事実を基に解釈したことを説明することである。さらに、説明を受け取る側は、再現性、実証性、客観性の観点から質問していくようにする。例えば、「実験は1回しか行っていないけど、何回やっても同じ結果になるのですか？」などの質問である。このようなやり取りがなければ、理科としての科学的な見方や考え方は養えない。ジグソー学習が単なる「型」にならないように留意する必要がある。

　また、再度KJ法により、合意形成されたことを共有化する場があることで、より妥当な知識が構成されるのである。

Word イメージマップ

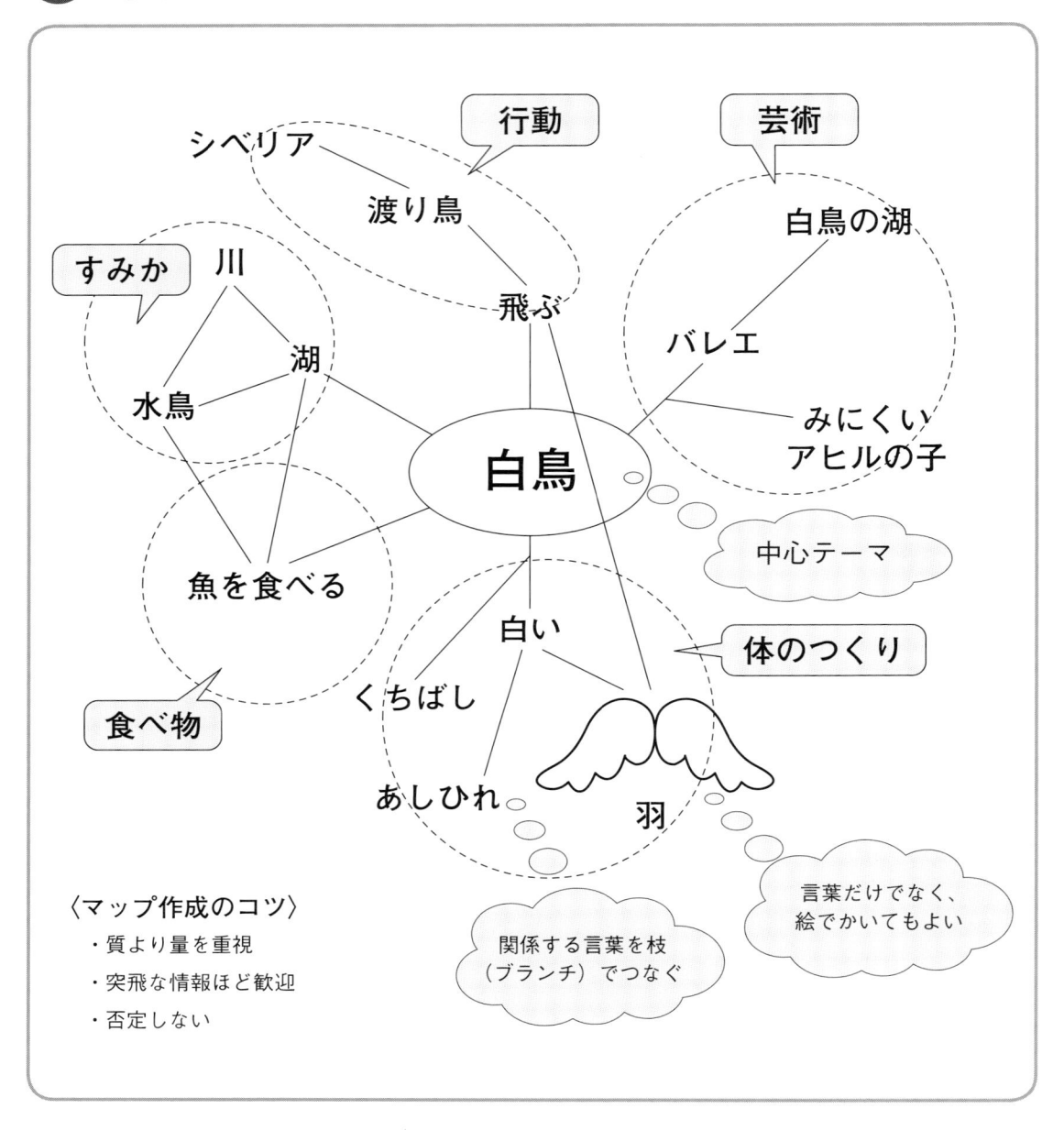

```
         行動        芸術
   シベリア
      渡り鳥          白鳥の湖
  すみか  川    飛ぶ      バレエ
      湖
   水鳥                 みにくい
                       アヒルの子
           白鳥
                         中心テーマ
      魚を食べる
                         体のつくり
   食べ物     白い
          くちばし
          あしひれ    羽
```

- 中心テーマ
- 体のつくり
- 言葉だけでなく、絵でかいてもよい
- 関係する言葉を枝（ブランチ）でつなぐ

〈マップ作成のコツ〉
- 質より量を重視
- 突飛な情報ほど歓迎
- 否定しない

● マッピング法

「マインドマップ」「ウェビング」「メモリーツリー」「コンセプトマップ」…等、いわゆるマッピング法と呼ばれる思考ツールには、実にたくさんの呼び名がある。それぞれに基本的なルールが決められているのだが、ここではあまり堅苦しく考えない。次のように簡単に定義し、「イメージマップ」の活用について解説する。

> 中心となる「テーマ」からイメージされる言葉や絵を、放射状にブランチ（枝）でつなぎ、広げていく思考ツール

● **マッピングの基本ルール**

　例えば、「白鳥」について調べようとしたとき、白鳥について知っていることや思い付いた言葉を、中心テーマからブランチ（枝）を出して書き込んでいく。「白い」「魚を食べる」「渡り鳥」「湖」…質より量を重視し、「こんなのくだらない」と自分にブレーキをかけることなく、思い付くますべてを出し切るのが望ましい。そのとき、同じ仲間の言葉だと感じたら、前に書き込んだ言葉からブランチを出して記入する。文ではなく、あくまでも短い言葉（キーワード）で記入することがポイントである。

　斎藤孝（明治大学教授）氏が『会議革命』（PHP出版）の中で提案している"マッピング・コミュニケーション"と"ブレーン・ライティング"の手法を、マップづくりに部分的に取り入れれば、マッピングを集団思考のツールへと発展させることが可能である。

　理科の授業であれば、単元の導入部にマッピングを行い単元の学習計画を立てることができる。また、単元の最後に再度マッピングを行えば、学習の振り返りと整理ができる。どこでマッピングの場を設定するかは、それぞれの単元特性によって変化するだろう。

(1)　マッピング・コミュニケーション
　①2～4人1グループに分かれる。（できるだけ男女の組み合わせがよい）
　②テーブルの真ん中に白い紙を置く。（1グループの人数に応じて大きさを調整）
　③それぞれが違った色のボールペンを持ち、自分の考えを話しながら**キーワード**を白い紙に書き込んでいく。（1人1回につき30秒以内）書き込みながら、関係があるキーワードを線でつないでいく。
　④キーワードが出尽くしたら、書き込まれた情報を、話し合いながら仲間分けする。

　子どもたちがマッピング・コミュニケーションをできるようになれば、話し合いの効率は格段に高まる。また、話し合いの記録が残るため、たとえ時間的に間があいてもマップを見れば、これまでの話し合いを短時間に想起させることが可能である。

(2)　ブレーン・ライティング
　メモ（付せん紙）を使った「ブレーン・ライティング」は、「書く」という作業を基に議論していくため、なかなか自分の考えをストレートには話すことができない人も意見を出しやすくなる。また、人数が多い場合や構成メンバーの個人差が大きい場合にも適している。
　①テーマを模造紙の真ん中に記入する。
　②テーマに対する自分の考えを、できるだけたくさん、付せん紙に短い表現で記入していく。
　　（約10分間）
　③記入した付せん紙を集め、仲間分けする。同じ考えはひとつに集約する。
　④付せん紙に自分が記入した内容を紹介しながら、模造紙に付せん紙に貼っていく。
　その際、仲間分けしながら貼り付けていけば、最後にマップができ上がる。

イメージマップ | 041

Word 熊手チャート

```
              ┌─ つぶの大きさは、大きいもので2cmくらいあって砂岩より大きい。
              ├─ つぶの形は、丸みを帯びている。
    れき岩 ───┤
              ├─ かたさは、釘でひっかくと、きずが付くくらいやわらかい。
              └─ 色は、うすい茶色をしているものと、灰色のものがあった。
```

図1 熊手チャートをれき岩の観察で用いる場合の例

```
              ┌─ トラック・・・たくさんの荷物を自由に運ぶ。
              ├─ バス・・・おおぜいの人を決められた場所に運ぶ。
              ├─ 乗用車・・・少ない人数を自由に運ぶ。
    自動車 ───┤
              ├─ パトカー・・・警察官が、事故や事件の場所に急いで行く。
              ├─ 救急車・・・急病人や大きなけがをした人を病院に急いで運ぶ。
              └─ ブルドーザー・・・土や石をけずったり、運んだりする。
```

図2 熊手チャートの使い方に慣れるための使用例

【やってみたい・試したい】
- 2つをよせて、1つを反対側にしたら、1つだけふらせられるかな？
- おもりの数を増やしてもできるか試したい。
- 糸をもっと長くしてもできるかな？短いのは？
- ナット以外のおもりでもできるかな？
- いろいろな糸でやってみたい。
- 超巨大なふりこを作ってみたい。（もっと長く）
- 1回ゆらしたら、とまらなくなる方法はない？
- いろいろな（糸の）長さでやってみたい。
- ブランコも超巨大なふりこかな？
- 20°より大きく（いろいろな）ふれはばでは？
- おもりをもっと増やしたり、大きいおもり、小さいおもり。
- 糸を短くして、おもりを増やしても同じかな？
- ●メトロノームを作って、リコーダーを演そうしよう。

【どうしてかな？なぜ？】
おもりがふれ続けるのはなぜだろう？
- どうして1つだけふらせることができるの？
- 同じ長さにすると、1つだけふらせられないのはなぜ？
- 20°よりも大きいふれはばだと、時間がなぜ長くなる？
- どうして10°、20°では1往復の時間が変わらないの？
- なぜ重さを変えても、1往復する時間は変わらないの？
- ほんとうに、ふれはばと重さは関係ないの？
- ●フーコーという科学者が超巨大なふりこを使って世界で初めて証明したこととは？
- ●止まっているふりこの糸は並行だろうか？
- ●ふれている間に（糸の）長さを変えたらどうなる？
- ●身のまわりに使われているふりこを探そう。
- ●ふりこのひみつを世界で初めて発見した人は？
- ●重さが$\frac{1}{6}$になる月面でふりこをふらしたら？

中央：**ふりこのひみつ**

【これまでにわかったこと】
- 1往復する時間は、（糸の）長さによって変わる。
- おもりの重さや、ふれはばによっては変わらない。

●…指導者が追加した項目を示す

図3 熊手チャートを子どもの気付きを累積するツールとして用いた例

● **使い方**

　熊手の形に見立てたチャートである。熊手の柄の部分には考える事柄（何について考えるかという対象）を書き、熊手の歯には、いくつかの視点を割り当てて、それぞれに当てはまる内容を書き込む。対象となる事柄を多面的に見るときや考えを広げるとき、あるいは子どもの気付きを分類したり整理したりするときに効果的である。

　例えば、岩石の観察で用いる場合、熊手の柄に対象となる「れき岩」、熊手の歯には観察したことを整理する視点として「つぶの大きさ」「つぶの形」「かたさ」「色」を割り当てて観察させ、わかったことを整理するツールとして活用することができる（**図１**）。熊手チャートを使うことそのものに慣れさせたいときは、理科に限らず、身近なものを多面的に見る手法として使ってみるとよい（**図２**）。

● **ポイント**

　考える事柄についていくつの視点を設定するか、どのような視点を設定するか等は、対象となる事柄について観察させたい視点や、考えさせたい視点をどのようにするかという授業の意図によって決まる。さらに、**図１**や**図２**に示した例示のように、左に対象となる事柄を記入する場合もあるし、発展型として、中央部に対象となる事柄を書き、左右の両方に歯を展開することもできる。

　それぞれの歯に設定する視点についても、はじめから提示せず、対象となる事柄について観察したり考えたりする活動をさせる過程で、子どもに自ら設定させることも考えられる。この場合は、歯の数を自由に増やしたり、使わない歯があってもよいというような使い方をしたりする熊手チャートを用意しておく。個々のワークシートで使う場合だけでなく、グループで１つの熊手チャートに考えを整理させるような使い方もできる。

　さらに、１単位時間の授業で完結する使い方だけではなく、対象となる事柄について気付いた視点を累積していくという使い方もできる。**図３**は、振り子の運動について学習する過程で生まれた「やってみたいこと・試したいこと（左）」「どうして？なぜ？（右）」に当てはまる子どもの気付きを、単元の導入時から累積しておき、単元末の活用場面でこれらの中から子どもが取り組みたい研究テーマを選べるように整理したものである。このように、熊手チャートには、次第に追記できるというよさがある。

● **留意点**

　熊手チャートを用いる際に留意すべき点は、どの段階で使うか、という点である。授業の意図によって、チャートを使うタイミングが変わる。つまり、①チャートを使って視点を初めから設定する場合と、②視点をまとめたり活用したりする段階でチャートを使う場合とがある。

　例えば、①の場合、**図１**のような観察をさせるとき、どのような視点で観察記録をとることが大切かに目を向けさせるという意図がある。②の場合、子どもがもつ多様な視点を整理し、累積したものを後に活用できるようにするという意図がある。

Word Yチャート・Xチャート

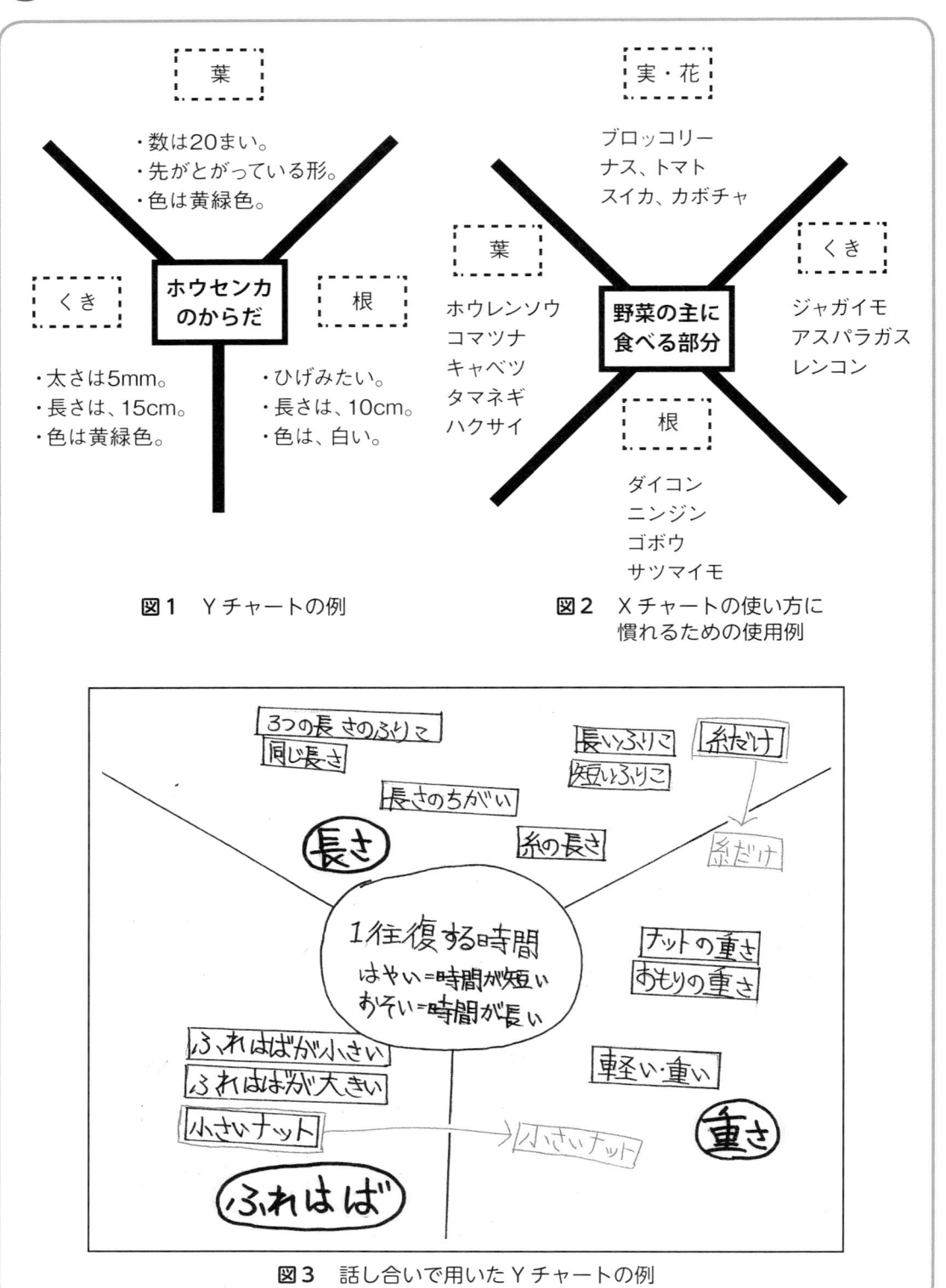

葉
・数は20まい。
・先がとがっている形。
・色は黄緑色。

くき
・太さは5mm。
・長さは、15cm。
・色は黄緑色。

ホウセンカのからだ

根
・ひげみたい。
・長さは、10cm。
・色は、白い。

図1 Yチャートの例

実・花
ブロッコリー
ナス、トマト
スイカ、カボチャ

葉
ホウレンソウ
コマツナ
キャベツ
タマネギ
ハクサイ

野菜の主に食べる部分

くき
ジャガイモ
アスパラガス
レンコン

根
ダイコン
ニンジン
ゴボウ
サツマイモ

図2 Xチャートの使い方に慣れるための使用例

長さ
- 3つの長さのふりこ
- 同じ長さ
- 長いふりこ / 短いふりこ → 糸だけ
- 長さのちがい
- 糸の長さ

1往復する時間
はやい=時間が短い
おそい=時間が長い

重さ
- ナットの重さ
- おもりの重さ
- 軽い・重い

ふれはば
- ふれはばが小さい
- ふれはばが大きい
- 小さいナット → 小さいナット

図3 話し合いで用いたYチャートの例

● **使い方**

　区切る領域の数によって、Y（3つの領域の場合）やX（4つの領域の場合）のアルファベットのような形に区切ったチャートである。対象となる事柄を多面的に見るときや、子どもの気付きを分類したり整理したりするときに効果的である。

　例えば、植物の観察でYチャートを用いる場合、3つの領域に、「根」「茎」「葉」を割り当てて、植物の体を3つの視点で観察させ、整理するツールとして活用することができる（図1）。YチャートやXチャートを使うことそのものに慣れさせたいときは、理科に限らず、身近なもので仲間分けをさせる手法として使ってみるとよい（図2）。

● **ポイント**

　いくつの領域に分けるか、それぞれにどのような視点を設定するか等は、対象となる事柄について観察させたい視点や、考えさせたい視点をどのようにするかという授業の意図によって決まる。**図1**や**図2**に示した例示のように、中央部に対象となる事柄を記入する場合もあるし、中央部の四角囲みは使用しないで、領域だけを設定する場合もある。

　同様に、それぞれの領域に設定する視点についても、はじめから提示せず、領域に分ける活動をさせる過程で、子どもに自ら設定させることも考えられる。

　それぞれの領域に言葉を分類させるような活動をさせた場合は、はじめに個々のワークシートをもとに考えさせておき、次にそれらを持ち寄り、グループで妥当と思われるチャートにまとめるための話し合いをさせるとよい。各グループでまとまったチャートを学級全体で概観すると、グループによる分類の仕方の相違点が見付けやすい。グループ間で異なる点が見いだされたとき、それをどこに分類するのが妥当なのか、子どもは能動的に話し合いを始めるだろう。

　このような過程を通して、学級全体で妥当と考えられるチャートが完成された後は、はじめに個々で考えたチャートと比較し、完成したチャートと異なる部分を赤色の矢印で記入させる。話し合い前後の自己の考えの変遷を学習記録として残すことができる（図3）。

● **留意点**

　YチャートやXチャートを用いる際に留意すべき点は、どの段階で使うか、という点である。授業の意図によって、これらのチャートを使うタイミングが変わる。

　つまり、①チャートを使って視点をはじめから設定する場合と、②視点をまとめる段階でチャートを使う場合とがある。

　例えば、①の場合、図1や図2のような観察・調査をさせるとき、どのような視点で記録をとることが大切か、分類することで相違点は見いだせるか等に目を向けさせるという意図がある。②の場合、子どもがもつ多様な視点のうち、似たような考えをまとめていく過程を重視するという意図がある。例えば、「みんなの気付きを整理すると結果的に大きく3つに分けられそうだから、3つのまとまり（Yチャート）に当てはめてまとめよう」というような使い方である。

Word マトリックス表

■3年理科:「電気」の学習と「磁石」の学習で扱う物の分類表(学習のまとめ)

	電気の通り道	
	電気を通すもの	電気を通さないもの
磁石の性質 — 磁石に引き付けられるもの	スチール缶、クリップ、鉄くぎ、目玉クリップ、スチールウール	ハサミの持ち手、スチール缶(削る前)、黒板、教室の扉、
磁石の性質 — 磁石に引き付けられないもの	アルミ缶、アルミホイル、10円玉、1円玉、銀の折り紙、	ものさし、三角定規、ガラスコップ、折り紙

■6年理科:「水溶液の性質」で使用する表

水溶液の性質・発展学習　　部6年　名前

◆8種類の水溶液の性質を調べておこう(ここで正確に実験結果を出しておかないと、相手が出す液体を当てられないぞ)

方法	食塩水	ミョウバン水	炭酸水	うすい塩酸	水酸化ナトリウム水溶液	石灰水	アンモニア水	過酸化水素水
BTB液	緑色(中性)	黄色(酸性)	黄色(酸性)	こいオレンジ 黄色(酸性)	こい青色(アルカリ性)	こい青色(アルカリ性)	こい青色(アルカリ性)	黄色(酸性)
蒸発	立方体	ダイヤ	無	無	よく分からない		無	無
(鉄)金属	溶 ×	溶 ×	溶 ×	溶 ○	溶 ×	溶 ×	溶 ×	溶 ○
におい	無	無	無	有	無	無	有	無
二酸化炭素	×	×	×	×	×	○ 白くにごる	×	×

● 定義

　マトリックスとは、①母体、基盤。②母型、鋳型。③（数学の）行列、などの意味をもつ英単語である。教育の場では、数学用語の「行列」の意味で用いられることが多い。

　いくつかの要素が、縦横の格子状に規則正しく並んだ表組みの構造となっている。そして、横の並びを「行」、縦の並びを「列」という。

● 使い方

　マトリックスの表を作成するためには、２つの軸を設定する必要がある。もちろん、軸は２つ以上あってもよいが、整理することが複雑になる。初めて子どもに使い方を紹介するときは、単純な形式の表を利用して、使い方をしっかりと理解させることが大事である。

　３年「磁石の性質」と「電気の通り道」の学習を例にして、マトリックス表を使った整理の仕方を説明する（左頁参照）。この２つの学習では、同じ物品を実験で使用する。例えば、アルミホイル、空き缶、鉄釘、硬貨などである。そのために、学習後に電気の実験結果なのか、磁石を実験結果なのかを記憶違いしてしまう子どももいる。そこで、２つの学習で行った実験結果を、マトリックス表を使って整理するとわかりやすい。

　まず、縦軸に「磁石に引き付けられる」「磁石に引き付けられない」という明らかに区別できる項目を入れる。次に、横軸に「電気を通す」「電気を通さない」という区別項目を入れる。このように区分けることで、全ての物品が、漏れなく、重複なく整理できる。

　表には４つの部屋（マス）ができあがる。そして、実験した物品を、どの部屋に該当するのかを考えながら入れていく。すると、全ての物品を整理することができる。

　表に入れ込むことができたら、部屋（マス）ごとに共通する内容について考えたり、該当する物品がほかにないか等を考えたりすることで、表を使用しないで考えているときよりは、幅広く検討することができる。

　また、２つのアンケート結果の相関関係などを調べるときにも使用できる。

　右の表は、大学生に「小学生のときは理科が得意か？」「今は理科が得意か？」という２項目のアンケート結果を関連させて整理したものである。

		今は、理科についてどう感じているか？				(%)
		大変得意	やや得意	やや苦手	大変苦手	計
小学生のとき、理科は得意？	大変得意	1	0	4	1	6
	やや得意	1	9	39	6	55
	やや苦手	0	6	25	3	34
	大変苦手	0	0	1	4	5
	計	2	15	69	14	100

　このようにマトリックス表に整理すると、小学生のときに理科が得意でも、大学生では苦手になってしまう学生が約半数（網掛け部分）もいるという傾向が見えてくる。表を工夫することで、見えにくい傾向を、見付けやすくすることができる。

　アクティブ・ラーニングでは、様々な意見などが出てくることがあるので、上手に軸を作って表に整理していくと、個人の発想を超えて幅広く検討することができる。

Word 子ども同士が学び合い、高め合う学習環境

「日付・曜日・天候・教室の温度・月の満ち欠け」を、毎回板書！

教室に顕微鏡を常設して、いつでもメダカの卵を観察！

月や星座のカードを教室に貼り付けていけば、ミニプラネタリウムのできあがり！

メダカの水槽の濾過器でインゲンマメの栽培！

● **誰でもできる教室環境づくりを**

忙しい担任教師にとって理科の授業をすること自体、なかなかたいへんである。「面倒くさい、

難しい、汚い、危険」（２Ｍ２Ｋ）が伴うからである。だからこそ、"誰でも手軽にできる"という学習環境づくりが必要になってくる。手間と時間といったいへんな労力がかかってしまう学習環境づくりであるならば、たとえ効果があったとしても、担任の先生方が日常的に実践することは現実的に難しい。ここでは、誰でも手軽にできる「子どもが学び合い高め合う教室や理科室の環境づくり」に絞り、具体的な事例を紹介する。

●ちょっとした板書の工夫

　理科授業のスタート、日付や曜日を板書する教師は多い。そこに、「天候・気温・月の満ち欠け」を加えて板書することにする。

　しばらく続けていると、子どもたちのノートには、天候と気温が継続して記録されることになる。また、月の満ち欠けの規則性についても、毎回繰り返し記録していくことで自然に習得される。３年生の理科授業から取り入れることができれば、４年「天気の様子（天気による１日の気温の変化）」、４年「月と星」や６年「月と太陽」の学習の効果的な布石となる。

●教室をミニプラネタリウムに

　４年「月と星」の学習では、自宅での観測が避けられない。宿題を出しても、全員がやってくるとは限らない。そこで、月や星座のカードを、子どもたちの観測事実をもとに、教室の壁や天井に張り付けていく。

　しばらくすると、カードが壁や天井にたくさん張り付けられている状態となる。観測時刻が同じであっても月の形が違うこと、同じ形の月であっても観測できる方位や高さが違うことが一目瞭然である。常時掲示してあるので、子どもたちは毎日目にすることによって、確かな定着が期待できる。

　観察したことを発表するときには教室の暗幕を閉めて暗くし、懐中電灯でカードを照らしながら方向や動きを説明できるので便利である。

●いつでも観察

　チャック付きビニル袋にメダカの卵を入れ、子ども一人一人に持たせている。観察の場を理科の授業だけに狭めてしまうと、観察したいという欲求にリアルタイムに応えることができず、子どもたちの観察意欲は下がっていく。

　そこで、教室や理科室の一角に顕微鏡を常設し、子どもたちがいつでも観察できる場を確保しておく。何度も繰り返し観察する中で子どもたちは、様々な発見や驚きを見付けることになる。友達の卵と自分の卵を比較する中で、卵の成長の順番などすぐにわかるようになる。

　教室のメダカの水槽に取り付けられている濾過機の中に、インゲンマメの種をまく。しばらくすると発芽し、成長しはじめる。水しかないはずなのにどうして元気に育つのか、子どもたちは不思議に思うようになる。

　メダカの卵の観察もインゲン豆の成長も、子どもたちがいつでも目にすることができる環境だからこそ、子ども同士が学び合い、高め合う学習環境となる。

Word 誰でもできる教材研究のもち方

	教材研究のもち方	展 開
準備	○事前調査 ・溶けるという意味の理解 ○指導計画立案（展開・時数） ・問題解決の過程 ・ジグソー活動の場面 ○予備実験 ○注意事項 　廃液の仕方　指示薬の特徴	・既習の学習での「溶ける」意味を振り返り、イメージをもたせる ・導入で提示する水溶液を検討する。区別のない4種類の水溶液、食塩水、希塩酸、アンモニア水、炭酸水を用意した。
実践	・事象提示 ○グループ編成 ・問題把握→実験→結果 ○安全な実験方法について指導 ジグソー活動① ・情報交換　実験の計画 ①蒸発させる ②鉄やアルミ加える ③リトマス紙での反応 ○表や図の活用　比較 ジグソー活動② ・計画→実験→考察→計画→実験 ・情報交換、実験、結果 ○酸性、中性、アルカリ性という性質 　性質は知らせる ○図、絵、モデル化　表現の工夫 ○活動の評価 ジグソー活動③ ・グループでのまとめ ○結論の発表の工夫 ・グループごとの発表 ・質問、考察、整理、分析、結論 ○活用 　中和についての実験　中和の利用 ○発展 　ムラサキキャベツ、指示薬　ＢＴＢ 　指示薬の使い方 ・発展実験	**ALの視点①（問題解決の話し合い）** 自分たちのグループで実験方法や手順、時間等を考えた計画立案をする（子どもからの実験方法の予想を踏まえ、方法の話し合いや検証のための複数の実験方法をおさえる）。 **ALの視点②（単一から複数実験へ）** 学習したことを生かしたり、1つの方法だけでなく、複数の方法で実験したりしながら、確かめて報告する（子ども一人一人の役割の確認と検証するための複数の実験を準備する）。 **ALの視点③（結果の検証・情報交換）** 実験結果について話し合ったり、複数の方法や再度の実験を行ったりしながら、わかりやすい表現方法でまとめる（まとめ方は図やモデル化など子どもが選択できるように準備する）。 **ALの視点④（根拠に基づいた結論）** 根拠に基づいた結果を自分たちのグループごとに発表し、質問し合ったり、話し合ったりしながら、結論を導き出す（根拠を明確にし、結論までの道筋を示すことができるようにグループの結果を把握する）。 **ALの視点⑤（発展・活用）** 性質の異なる2種類の水溶液を混ぜたときの反応を予想させ、実験する。また、水溶液の性質を調べる方法として、発展的な学習にも取り組む（子どもの問題解決の手立てや水溶液の性質を調べる方法を複数準備する）。
評価	○ノートの分析・評価 ・比較の方法、表現の工夫 ○単元全体の評価 ・まとめの評価	

「アクティブ・ラーニング」のねらいである主体的・対話的に学ぶ学習には、これまで以上に教材研究が大切である。「何をどのように学ぶか」、事前の準備や実践、評価すべての場面で教材研究はかかわってくる。ここでは、『誰でもできる教材研究のもち方』を考えていきたい。

教材研究の意義や方法については井口尚之氏が『新理科教育用語辞典』の中で述べている。

> 教材研究には、２つの側面がある。１つは、素材の持つ自然科学的側面あるいは文化材的側面からの追究である。これは、大正８年の教科書の時代には多く行われた方法であって、必要な側面でもある。
> もう１つは、教材性の追求である。その素材＝教材から次の素材＝教材を通して、どこまで分かるようになるか、その過程でどのような技能を高められるかということである。すなわち教材化の研究である。

２つの側面を考えると教材研究のもち方にかかわる範囲は広い。例えば、授業前や実践、評価の場面において準備することは、以下のようにさまざまである。重要なのは、これまで以上に子ども一人一人の思考や子ども同士の活動を重視した教材研究である。単一の実験から複数の実験に広げたり、個々の役割を明確にした分業の活動も支えたりできる教材の研究である。

また、アクティブ・ラーニングは、〇〇法や〇〇学習という方法を単に取り入れることではなく、授業への子どもの積極的なかかわりや学習への深い理解を実現することにねらいがある。その一方で〇〇法や〇〇学習、〇〇チャートなどを一つのツールの形として活用してみるのも教材研究の幅を広げる方法と考える。要は学習の軸として何を置き、おさえているかである。

● **アクティブ・ラーニングに活かす教材研究のもち方** ・・・・・・・・・・・・・・・・・

(1) **授業前の準備例**
①教材の価値を見極める　②子どもの実態を把握する　③指導計画の立案　④予備実験
⑤注意事項の確認　⑥グループ編成　等

(2) **実践例**
①問題解決の過程を考える　②正しい実験方法を身に付ける　③図や絵等でモデル化を図る
④発言・行動を記録する　⑤ノート・板書のまとめ方　等

(3) **評価例**
①ノートを生かした単元のまとめ　②学習したことを生かした発展・活用　③単元全体の評価をする　④生活に生かす　等

例えば、(1)④予備実験では、これまでの単一実験ではなく、個人の問いや役割を明確にした分業を意識した複数の実験の準備をしたい。具体的には、性質を調べる実験としてリトマス紙だけでなくＢＴＢ溶液、ムラサキキャベツ液等も試してみると、子どもの学びは活動的になる。

● **教材研究のもち方を授業に活かす** ・・・・・・・・・・・・・・・・・・・・・・・・・・

６年「水溶液の性質」について、ジグソー学習を用い、「教材研究」のポイントを考える。そこで問題解決の過程の中で子ども一人一人が主体的に活動できるような展開とそのための教材研究のもち方について、左の表にまとめてみた。授業前の準備、授業実践そして評価について単元の流れの中でジグソーの活動を取り入れ、教材研究とのかかわりを考えてみた。

〈**参考・引用文献**〉井口尚之編『新理科教育用語辞典』1991

Word イメージ図

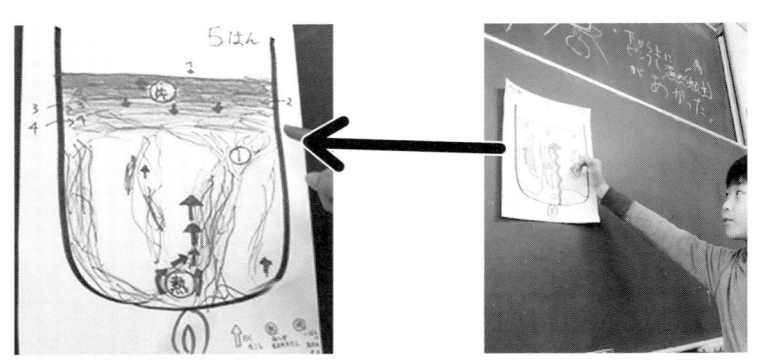

図1 水の温まり方を説明するためのイメージ図

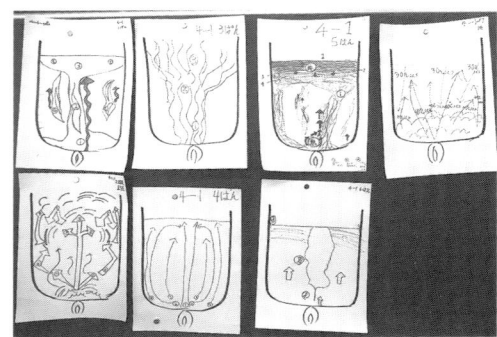

図2 様々な班のイメージ図

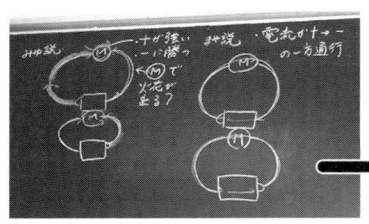

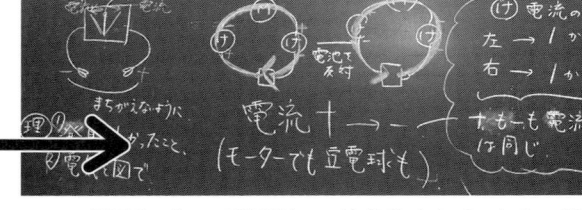

予想段階でのいくつかの
イメージ図

追究によって変容し、共有化されたイメージ図

図3 4年・電気の働きの学習で、話し合いや実験によって変わったイメージ図

● 使い方

　イメージ図とは、見えないものを想像したり、考えたりしたときに模式的に図に表現し、自分の考えを整理したり、相手に伝えたりするときに活用できるツールである。

　平成24年度・27年度の全国学力・学習状況調査の理科の報告では、子どもたちが思考・判断したことについて根拠や理由を示しながら説明することが苦手であることを示している。そのため、アクティブ・ラーニングの中でも根拠をもって思考・判断・表現することが重要で

あると考える。
　しかし、自然の事物現象や科学技術は目に見えないものが多く存在する。理科学習における問題解決は、表面的に見えるものを観察する中で、自然の事物現象に対する疑問や不思議さを感じ取っていくことからはじまる。次の段階として、見えないものの様子を想像したり、どのように変化していくのか、変化するもの・させるものは何であるのかを考えたりして、自分で考えた方法で検証を行っていく。
　イメージ図は視覚化することで共有化を図る、つまり他者とのかかわりの視点を明確にして事象への追究をシャープにすることだと考える。それが深い学び、ディープ・ラーニングに近付いていくであろう。イメージ図だけで終わらず、実験結果や理論を基にした「モデル図」への変容を促すことが大切である。
　イメージ図だけにとどまり、「あいまいなまま図を描いていればいい」という教師や学級の姿勢では、ＡＬの効果（深い学び）は実現できていないと考えてよい。そのために教師は教材研究や理論の学習を行い、子どもたちのかかわりや教師の助言によって科学的な妥当性のある「モデル図」へと近付けていく必要がある。

●ポイント

　以下にイメージ図のよいところを示す。
○自然の事物現象を観察して、不思議なことや疑問を発見し、表現するときに活用できる。
○ペア、グループ、学級等で話し合う際、思考したことを視覚化することで共有しやすくなる。
　ここで**図1**に示すように、目に見えないものを想像することができるようになるためには、教師の仕掛けが大切である。**図1**の場合、示温インクを入れた水を温めた後、水の温まり方をグループで考える際にこのイメージ図が役立った。4年生「ものの温まり方」の実践編にあるように、はじめはビーカー、水、熱源だけ示した画用紙を子供に与え、水の温まり方（水の動き）についてイメージ図を描くとグループによる違いが出る**（図2）**。ここで、イメージ図の相違点や共通点について話し合うと、子どもたちは水の温まり方を見直したいという意欲が高まる。そのことによって、さらなる気付きを得ることができ、学習が深くなっていく。

●留意点

　イメージ図を使う際に留意すべき点は、**図3**（4年生「電気のはたらき」の実践）のように、子どもが目に見えないものを思考・表現するため、学習問題に対して予想を立てた段階では、科学的に正しいことを表現するわけではない。しかし、話し合いや観察・実験を丁寧に行い、事実からイメージ図をかいて考えを表現していくことによって、学級の中で共有化されたイメージ図ができあがっていく。教師は、子どもたちが考えたイメージ図が科学的に妥当なものに変容していくように導いていく必要がある。
　それゆえ、イメージ図を「どれでも正解」とするのではなく、学習の終わりには結果をもとに学級全員で話し合い、科学的に妥当なものかどうかを考えることが4年生の「関係付け」を行う資質・能力の育成につながると考える。

Word モデル実験

モデル実験を用いたアクティブ・ラーニングの具体例

水を流す前に土砂の様子を予想し、話し合う（5年　流水の働き）

温めて体積が増えた水の重さはどうなったか、話し合う
（4年　金属・水・空気と温度）

水を冷やすと温度はどう下がるのか予想し、話し合う（4年　金属・水・空気と温度）

1往復の時間は何によって変わるのか予想し確かめる　　　（5年　振り子の運動）

手の骨格モデルをグループで話し合いながら作成する（4年　人の体のつくりと運動）

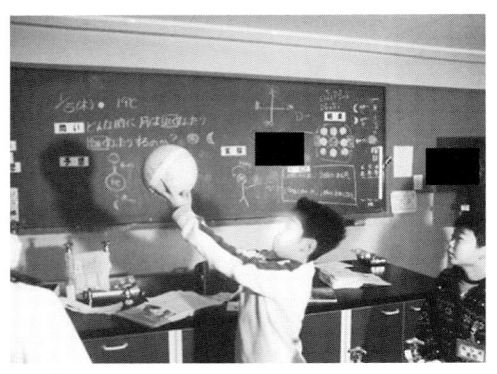

月が満ち欠けする理由を友達に説明する
（6年　月と星）

●**使い方** ・・

　モデル実験は、理科のねらいを効果的に達成するために必要な部分を強調し、不必要な他の部分をできる限り省略したツールである。

　流水実験の指導では、『小学校学習指導要領解説　理科編』の中で「野外での直接観察のほか、適宜、人工の流れをつくったモデル実験を取り入れて、流れる水の働きについての理解の充実を図ることが考えられる」（抜粋）と書かれ、子どもの疑問や予想を解決するための手段の一つとして用いられてきた。

　しかし、「理科の現状と課題、改善の方向性（文科省　検討素案）」には「意味付けや関係付けを伴う説明活動に関する問題などにおいて科学的な思考力・表現力が十分ではない状況がある」と述べられており、モデル実験をツールとしたアクティブ・ラーニングの取組は子どもの思考力・表現力を醸成する上で今後ますます重要になると考える。

　使い方としては、どんな目的のためにモデル実験を行うかを子どもが理解しておく必要がある。また、その実験を通してどんな結果になれば確かめることができるか、教師は子どもに結果の予想も発問しておくとよい。

　効果的な使い方として、子どもの予想を確かめる実験に加えて、授業のまとめや後半部分で発表の手段としても用いることができる。今までの学習が本当に身に付いているか、必要なキーワードが入っているか、そして何より相手にわかりやすく伝えることができたのか判断される機会になるからである。

●**ポイント** ・・

○モデル実験器や実験器具が手元にあるので、手順やわからないことをグループで具体的に確認しながら実験を進めることができる。
○実験中の疑問点は再実験してすぐに確かめることができる。
○教師は机間指導をしながら子どもの様子を把握でき、こまめに評価できる。

●**留意点** ・・

○予備実験を行い、安全点検や実験の所要時間、子どもが誤解しやすいポイントなどを把握しておく。
○モデル実験器を用いて、発表する場合は、子どもの実態に応じて発表マニュアルをつくっておくとよい。
○モデル実験は一般的な法則を理解するのには都合がよいが、自然界は複雑な様々な要因がかかわっており、モデル実験の結果が自然界すべての法則を反映するものではないことを教師は理解しておく。誤差や、近似値などの取扱いも同様である。

Word 模型作り・ものづくり

アクティブラーニングの視点を取り入れたものづくりとは

【単元導入部分】
- 問題の発見
- 意欲の喚起
- 好奇心の喚起

【展開部分】
- 問題解決の能力
- 科学的な見方や考え方

【単元末】
- 活用力
- 実観を伴った理解
- 学ぶ意義・有用性

ものづくり

※各場面で意図的に対話の場面を設定し「深い学び」になっているか、主体的に取り組んでいるか…

（ものづくりの例）

3年「磁石の性質」
※さかなつり「どうして釣れる魚と釣れない魚があるのかな？」

3年「風やゴムでうごくおもちゃ」
※的の中に車を止める「ゴムをどのくらい伸ばせばぴたっと止まるかな？」「前のデータから…」

6年「電気の利用」
※風力発電の模型「本当だ。風の力を使って電気が作れるんだ」「私たちの生活に役立っているんだ」

（目指すもの）
知的好奇心、
実感が伴う理解、
問題解決能力、
科学的な見方や考え方
　　　　　　　　　　の育成

● 「模型作り・ものづくり」のねらい

　「模型作り・ものづくり」が理科の学習に取り入れられている理由としては、「児童の知的好奇心を高め、実感を伴う理解を図る」「身近な自然について児童が自ら問題を見いだし、見通しをもった観察、実験を通して、問題解決の能力を育てるとともに、学習内容を日常生活と一層関連付けて実感を伴った理解を図り、自然を愛する心情と科学的な見方や考え方を養う」などが挙げられる。つまり、「模型作り・ものづくり」を通して、知的好奇心、実感が伴う理解、問題解決能力、科学的な見方や考え方の育成をねらっている。

　現行の学習指導要領においては、理科の改善の中で、ものづくりについて次のようにふれられている。

> （オ）生活科との関連を考慮し、ものづくりなどの科学的な体験や身近な自然を対象とした自然体験の充実を図るようにする。

　つまり、生活科との関連を考慮し、科学的な体験や自然体験の充実を図るものである。

　以上のことを受け、アクティブ・ラーニングという視点から「模型づくり、ものづくり」について考えていきたい。

● 「深い学び」を伴った「模型作り・ものづくり」

　アクティブ・ラーニングにおいては、「深い学び」「対話的な学び」「主体的な学び」の3つの視点が示されている。

　それぞれの視点から「模型作り・ものづくり」について述べていく。

　子どもたちは「模型作り・ものづくり」がたいへん好きである。3年生の「磁石の性質」「明かりをつけよう」の単元終末に行うおもちゃ作りなどにいきいきと活動する姿が見られる。そういう意味で「主体的な学び」を実現するためにはたいへん適したツールであるということができる。しかし、ものを作って終わりとか自分の作ったおもちゃについて説明して終わりなどという扱いが多く見られ「対話的な学び」「深い学び」という点では不十分であるという実態がある。

　それでは、どのようにすればよいであろうか。1つにはものづくりを取り入れた問題解決の場面において、対話の必然性が生まれる状況を意図的に作ることである。また、単元終末におけるおもちゃ作りなどでは、学んだ知識がどこに活用されているのかを自覚的にものづくりをさせることである（磁石でいえば、同極の反発、異極の吸引、鉄が磁石につく等々）。そういったことに留意することで単にものをつくるのでなく、「深い学び」を伴ったものづくりとなることであろう。

Word メタファー

図1 第4学年「金属、水、空気と温度－温度と体積の変化－」における子どものメタファーの例

「空気の体積が大きくなる」考えを「1粒ずつが大きくなるので、自分たちの居場所を大きくしようとして石けん水の膜を押した」という論理で説明している。空気を粒に見立てるとともに、スカスカ、ギュウギュウ、という擬人的な例えを伴うメタファーに価値付けして説明しようとしている。

温度が上がると体積が大きくなる=空気の粒が大きくなる

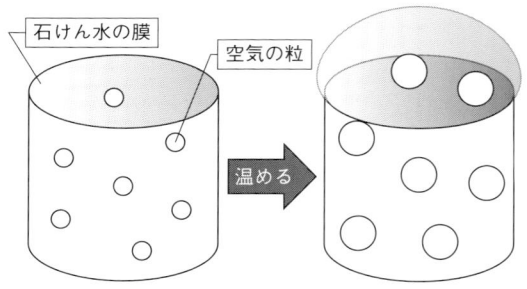

図2 図1と同じ単元における説明モデルの例

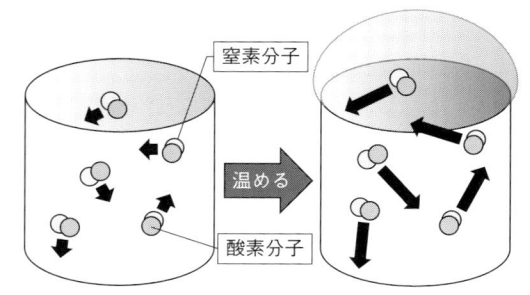

図3 中学生段階による説明モデルの例

● **使い方**

　メタファーとは「○○は□□のようなもの」と見立てて、ある事柄を他の事柄に価値付け、能動的に理解しようとする思考様式のことを言う。したがって、Xチャートや熊手チャートのように特徴付けるような図式はない。**図1**に示すようなイメージ図に表現されるイラストや言葉による記述の中から、他者の思考を読み取ったり、自らの考えを表現したりする手法の1つである。したがって、子どもに記述させるときは、対象となる事柄を自由に表現できるような図の枠を用意するだけでよい。

　イメージ図に表現させることに慣れさせたいときは、簡単なキャラクターを使って対象となる事柄の説明を擬人的に表現してみるよう助言するとよい。例えば、温度上昇による空気の体積増加をイメージ図で表現させるときは、試験管の中に(^_^)マークを描き、「空気くん」と名付ける。そして、「温度が上がったとき、石けんの膜がふくらんだのは、空気くんがどうなったからか、空気くんになったつもりで絵や言葉で説明してごらん」と助言するとよい。

● **ポイント**

　メタファーをツールとして用いることで子どもの論理を効果的に分類できる。そして、単元目標に掲げる自然認識につながる妥当な論理への変容を図る単元を構成できる。

　メタファーをツールとして授業に取り入れる意図を整理すると、以下の3つがあげられる。
①自分の論理（思考の内容や判断した理由）を表現しやすくする。
②互いの論理を理解・比較・検討しやすくする。
③自分の考えを表現したい、相手に伝えたいという思いを高める。

● **留意点**

　イメージ図を描かせる指導法は以前から知られている。しかし、イメージ図を描かせると、「いろいろな考えが出てきてしまい、どのように次時につなげていけばよいのか」「子どもの考えは間違っていることが多く、どのように評価すればよいのか」「間違った考えにこだわらせすぎてしまうのではないか」という声が聞かれることがある。これらの不安の解決策となるのが、アクティブ・ラーニングである。

　例えば、**図2や図3**に示すようなモデルは一見、科学的に正しいように見える。しかし、実際に空気の粒は存在しないし、原子にも球状の殻はない。どこまで突き詰めても「これが科学的に正しいモデルである」とは言い切れない。したがって、理科授業においては、対象となる事柄をより妥当な論理で説明できる考え方の構築に向けて、個々の子どもがメタファーの変容をくり返すことが求められる。その原動力となるのがアクティブ・ラーニングである。

　メタファーをツールとして用いることによって、子どもが互いの論理を理解し合えるようになる。妥当と認められる論理を比較・検討するための話し合いの場（アクティブ・ラーニング）を、適切なタイミングで単元に導入することが大切である。

第2章

実践編

ACTIVE THINKING

第3学年　全13時間

[本単元の目標] 磁石に付く物や磁石の働きを調べ、磁石の性質についての考えをもつことができるようにする。

磁石の性質

資質・能力

・観点をもって比較し、それらの結果を分類・整理することができる。
・学んだ知識を使って、それらの性質を利用したものの仕組みを説明することができる。

● 本単元で大事にしたいこと

　この単元では、磁石の性質について興味・関心をもって追究する活動を通して、磁石に付く物と付かない物を比較する能力を育てるとともに、それらについての理解を図り、磁石の性質についての見方や考え方をもつことができるようにすることが大きな柱となる。

　特に単元最終場面のものづくりは子どもたちにとってもたいへん魅力的であり、磁石の性質について見方や考え方を確かなものにするためにもたいへん重要な時間である。

　ところが、できあがったおもちゃについて説明する場面になるとうまく説明できないことが多い。まして、「どこにどのような磁石の性質が使われているの？」と聞かれると押し黙ってしまうこともしばしばである。

　なぜ、このようなことが起きてしまうのだろうか。子どもがものづくりをするときに全くのオリジナルというものはなかなか難しい。我々大人だってそうである。そうしたときに必ず参考とする資料があるはずである。

　子どもは見よう見まねでものをつくってしまうことが得意である。そのときに磁石の性質などあまり意識していない。そのため、ものづくりは楽しいが、磁石の性質とうまく結び付けて説明できないということが起きていたのである。

　そこで、実際にものづくりをする際に、次のようなステップ踏むことで、アクティブ・ラーニングが目的とする理解深化を期待できると考える。

①本単元で学んだ知識を整理する。
②教師が提示したおもちゃのどこにどのような磁石の性質が使われているか実際に操作しながら考える。
③実際のものづくりへ

指導計画とアクティブ・ラーニングの位置

●「ものづくり」の前段階でアクティブ・ラーニングを導入する意図

ものづくりをする際には、その単元で学んだ知識が習得されていることは当然であるが、その習得された知識がしっかり整理されていなければものづくりに生かせない。3年生くらいだと、「これまで磁石についていろいろ勉強をしてきました。磁石にはどんな性質がありましたか？」と発問されても、いきなりなかなか答えられないことが多い。磁石の性質について教師側は頭の中で構造化され整理されているが、子どもはそれほどきちんと整理されてはいない。それゆえ、いきなり「磁石の性質は？」と聞かれても答えられないのである。

そこで、具体的な授業の場面を想起させることで、「あ〜、そう言えば…」となる。そして、アクティブ・ラーニングの思考ツールとして磁石の性質をまとめた表を活用し、教師の提示したおもちゃのどこに磁石のどのような性質が利用されているかを予想し整理させる。

その予想をもとに実際のおもちゃを操作しながら確かめさせていく。このように活動と思考を一体化させていくことで学んだ知識がおもちゃに生かされていることを実感することができる。このことが次の実際のおもちゃづくりへと生かされていく。

●「エネルギーの見方」領域の系統性

小3（A区分）	小4（A区分）	小5（A区分）	小6（A区分）	中2（第1分野）	
磁石の性質 ・磁石に引きつけられる物 ・異極と同極	電気の働き ・乾電池の数とつなぎ方 ・光電池の働き	電流の働き ・鉄心の磁化、極の変化 ・電磁石の働き	電気の利用 ・発電・蓄電・電気の変換・電気による発熱・電気の利用 ・電気とそのエネルギー ・静電気と電流	電流 ・回路と電流・電圧 ・電流・電圧と抵抗	電流と磁界 ・電流がつくる磁界 ・磁界中の電流が受ける力 ・電磁誘導と発電（交流を含む）

●指導計画（13時間扱い）

第1次（3時間） 磁石につく物、つかない物
第1・2時 磁石につく物、つかない物の仲間分け
第3時 砂鉄取り

第2次（2時間） 磁石の極
第4時 異極と同極
第5時 磁石の極と磁力

第3次（2時間） 離れて働く磁力
第6時 磁石からの距離と磁力の関係
第7時 間に物を挟んでも働く磁力

第4次（2時間） 磁化
第8・9時 くぎの磁化（磁石についている場合と離れている場合）

第5次（4時間） 磁石の性質を利用したものづくり
第10・11時 おもちゃの仕組みと磁石の性質 **AL**
第12・13時 磁石の性質を利用したおもちゃ作り **AL**

磁石の性質 | 063

第10時　ACTIVE LEARNING MODEL

教 教師の働きかけ　C 子どもの発言

展開1　磁石の性質を振り返り、整理する

> これまで磁石の学習をしてきました。どんな実験をやったか思い出してみよう。それぞれの実験で磁石にはどんな性質があることがわかったかな。

- 教 これまでの磁石の学習でやった実験を想起させる。
- 教 実験を一つ一つ確認し、磁石の性質について振り返らせる。
- 教 具体的に実験と結び付けてどのような性質があったのかを発表させる。
- 教 具体的な現象（磁石の実際の動き）を取り上げながら磁石の性質について整理していく
- C¹「SとSは反発していた」
- C²「SとNは引き合ったよ」

磁石の性質について発表する子ども

Point　磁石の性質を現象と結び付けて振り返る場面

　この場面では子どもが磁石の性質を思い起こし整理することで、ものづくりにつなげていく重要な場面である。

　結果的には右の表のような磁石の性質が出された。その際前述したように具体的な現象と結び付けて子どもは発表していた。

　いくつか例を示すと次のようである。

　「同じ極同士の磁石を2本並べて無理矢理くっつけていた手を離すとお互いに反対の方へ転がっていった。だから磁石には同じ極は反発する性質があります」

　「1本の磁石をS極を上にして立てて、もう1本の磁石のS極を近付けていくと立っている磁石が反対の方に倒れました。このことから磁石には同じ極同士を近付けると反発するという性質があります」

表　子どもから出された磁石の性質

- NとN、SとS（同じ極）同士は反発する。
- NとS（違う極）同士は引き合う。
- 水の上に入れ物に入れて浮かべるとNが北、Sが南を指す。
- くぎを磁石につけたり、近付けたりすると磁石になる。
- 間に物をはさんでも磁石の力は届く。
- 磁石は鉄を引きつける。

　このように、同じ反発するのでも「転がる」「倒れる」等のいろいろな現象が見られる。ただ、磁石の性質についてふれるのではなく、実際の磁石の動き（現象）の具体例と磁石の性質を結び付けて整理していくことは深い学びにつながるものであり、ものづくりの際に豊かな発想を引き出すものであると考える。

第10時 ACTIVE LEARNING MODEL

教 教師の働きかけ　子 子どもの活動

展開2　おもちゃを操作しながら磁石の性質について考える

> このパックンヘビは自分の好きな物ときらいな物を見分ける賢いヘビです。いったい磁石のどんな性質が使われているのだろうか。

教 右のようなパックンヘビを提示し、どこにどのような磁石の性質が使われているか問いかける。

教 棒磁石のN極にヘビの好物のカエル、S極にヘビの嫌いなタバコを貼っておく。丸いフェライト磁石はS極同士を向かい合わせにしておく。

教 子どもを前に集める。そして、「このヘビは自分の好きな食べ物と嫌いな食べ物を見分けることができます」と言って、カエルのついた極を近付け、ヘビがカエルにかぶりつく様子、タバコのついた極を近付け、ヘビが口を開けたままになっている様子を見せる。

子 子どもがそれぞれ実際にパックンヘビを操作しながらどこにどのような磁石の性質を利用しているか調べ、表に整理する。

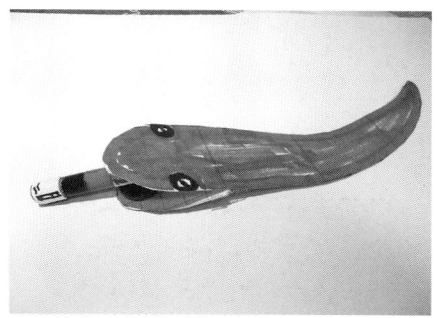

パックンヘビ

Point　実際に操作しながら調べ、表に整理する

　右のような磁石の性質が書かれた表に、具体的にどこにどのような性質が使われているかを整理させていく。その際、「どこに」についてはこちらから限定することで調べる箇所（現象）を焦点化した。調べる箇所は次の3点である。
①はじめに口が開いているのは？
②好きな食べ物を持って行くと食べるのは？
③嫌いな食べ物を持って行くと食べないのは？
　焦点化したことで漠然と調べるのではなく、調べる箇所が明確になり、子どもは目的意識をはっきりもって調べていった。
　特に、この表があることで具体的な動きと磁石の性質を結び付けやすくなり、子どもは楽しみながら性質を調べていった。プリントを見るだけでなく、操作しながら考えさせたことが、子どもの思考の活性化につながったようだ。そして、その結果磁石の性質に対して深い理解に結び付いていった。

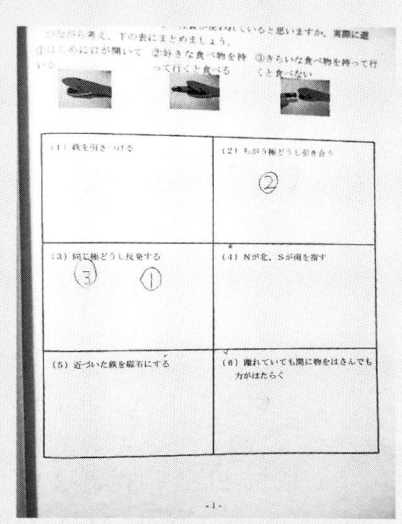

磁石の性質が書かれた表

第11時　ACTIVE LEARNING MODEL

教 教師の働きかけ　**子** 子どもの活動

展開3　パックンヘビの3つの動きを操作しながら仕組みを考える

パックンヘビの3つの動きを磁石の性質と結び付けて説明文を書こう。

教 前時で明らかになった、使われている磁石の性質がどのように利用されているか3つの動きについてまとめさせる。

子 具体的なヘビの動きを明確にし、そこで使われている磁石の性質をどう利用しているのかを操作しながら考える。

子 わかったら、ワークシートのそれぞれの欄に整理する。

子 それぞれの説明文をグループ内で紹介し合い、わかりにくいところを指摘し合ったり、よいところを参考にしたりする（相互交流）。

パックンヘビの3つの動きを確かめる

Point　実際の操作を通して、ヘビの3つの動きを説明する

子どもから出た説明の一部を以下に示す。

○「はじめに口が開いているのは同じ極が反発する性質を利用しているからです。このパックンヘビの場合は丸い磁石のS極とS極が向かい合っています」

○「好きな食べ物を持って行くと口を閉じる棒磁石のカエルがある方の極と口の中の丸磁石の極が違う極なので引き合うからです」

○嫌いな食べ物を持って行くと口を開いたまま閉じないのは、棒磁石の極と丸磁石の極が違う極になっていて反発するからです」

このように「本単元で学んだ磁石の性質の整理」→「具体的に使われている磁石の性質とその場所」→「具体的な仕組みの説明」というていねいなステップを経てきたため、ほとんどの子どもが自分の言葉できちんと説明を書くことができていた。3年生という発達段階を考慮したときにただ説明させるのではなく、具体的操作を通した説明というのは、磁石の性質を深く理解する上で有効な手段であることが明らかになった。

| 第12・13時 | ACTIVE LEARNING MODEL | 教 教師の働きかけ　子 子どもの活動 |

展開4　実際に自分でおもちゃを作る

> ここまでパックンヘビの仕組みについて調べてきました。
> 今度は自分でおもちゃをつくろう。

教 自分で考えたおもちゃを製作させる。
子 何を作るか決める。
・実際につくるおもちゃと利用する磁石の性質の関係を明確にさせることが重要である。

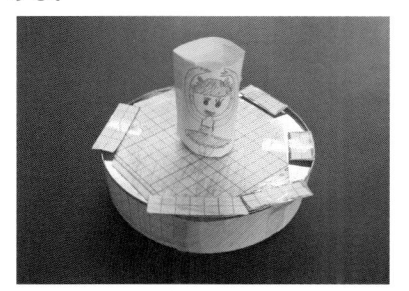

子 必要な材料を準備する。
子 実際に製作する。
子 お互いのおもちゃで交流会を行う。
教 遊ぶだけでなく、相手のおもちゃの仕組みについても考えさせる。

バレリーナ

ブランコ

Point　パックンヘビの学習を生かし、自分のおもちゃを作る

　パックンヘビの学習が生かされていたため、子どもはただ作るのではなく、磁石のどんな性質を利用して何を作るかというように常に磁石の性質を念頭に置きながらおもちゃ作りを進めていた。
　つまり、これまでのものづくりの問題点であったおもちゃは作るが、その仕組みを説明できない状態から、作る段階から磁石の性質を意識しているという姿が見られたのである。また交流会では相手のおもちゃの仕組みについても比較的容易に理解することができていた。これらのことは磁石の性質を利用したおもちゃ作りに対して表面的な学びでなく深い学びの過程を経た結果であるということが言えよう。

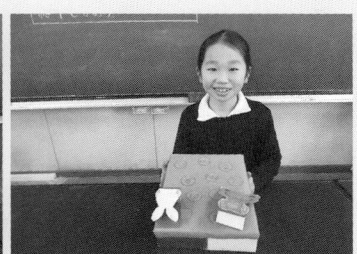

磁石の性質 | 067

第3学年　全11時間

[本単元の目標] 乾電池に豆電球などをつなぎ、電気を通すつなぎ方や電気を通す物を調べ、電気の回路についての考えをもつことができるようにする。

明かりをつけよう

資質・能力

- 目に見えない電気の流れを科学的にイメージすることができる。
- 学習したことを活用して、ものづくりや活動をすることができる。

● 本単元で大事にしたいこと

　電気は見えないものであり、よくわからないもの、怖いものという思いから苦手意識をもってしまう子も多い。具体的な操作やそれによって起きる現象を楽しみながら、イメージを伴った理解をしていくことが大切になってくる。

　この単元では、豆電球が点灯するという現象を見るだけにとどまらず、電気がどのように流れているかという見方ができるようにしたい。そのために、電気を通す物探しをしたり、回路を考えたりすることになる。

　それでも、子どもは、豆電球が点灯するという現象や電気を通したり通さなかったりする事実に意識がいくだけになりがちである。

　そこで、最初に、子どもが電気の流れに問題意識をもてるようにしていく。具体的には、個々の子どもが考える電気の流れをイメージ図に表し、その表現の違いから問題意識を高めていくことになる。

　そして、グループによる対話的な実験観察や、学習したことを活用するものづくりを通して、科学的根拠を明確にした電気の流れのイメージをつくり上げていくことができるようにする。

　電気の流れのイメージをもてるようになったら、より深い理解をめざして、さらに活動を設定していく。電気は少しの接触不良でも流れない。そのために、電気が流れないことがよく起こり、子どもは電池がなくなったとすぐに考えてしまう。そういう短絡的な考えをするのではなく、電気が流れない原因がどこにあるのかを考え、それを修理することができるようにしていく。

　見えない電気に対して、事実を基にしたイメージをもち、理解を深め、学習したことを活用して活動できることをめざす。

指導計画とアクティブ・ラーニングの位置

● アクティブ・ラーニングを導入する意図

豆電球と乾電池を輪になるようにつなぐと豆電球が点灯する。これは、実際につないでみることで知ることができる。さらに、そこでどのように電気が流れているのかをイメージすることで、輪にする意味もわかってくる。この意味理解をめざすために、アクティブ・ラーニングを取り入れていく。

その1つがイメージ図の活用である。イメージ図を活用して、個々の子どもの考えを表現させる。表現することで、自分がわかっていないことが明確になり、友達の考えとの違いからも問題意識が高まることになる。

子どもの個々の問題意識が高まったところでグループによる対話的な活動の場を設定していく。豆電球を外したソケットと豆電球を観察しながら、電気がどのように流れているか、グループで考える。グループによる対話的な活動を設定することで、新たな気付きや議論による理解の深まりが期待できる。

回路について理解が深まってきたら、ものづくりを中心にした活用の場を設定していく。頭で理解しているだけではなく、個々の子どもが、具体的な形にすることで、「できるようになった」自分を意識できるようにする。

● 小学校、中学校における「電気」教材の系統性

小3	小4	小5	小6	中2
電気の通り道 ・電気を通すつなぎ方 ・電気を通す物	電気の働き ・乾電池の数とつなぎ方 ・光電池の働き	電流の働き ・鉄心の磁化 ・極の変化 ・電磁石の強さ	電気の利用 ・発電・蓄電 ・電気の変換 ・電気による発熱 ・電気の利用	電流 ・回路と電流、電圧 ・電流・電圧と抵抗 ・電気とそのエネルギー ・静電気と電流

● 指導計画（11時間扱い）

第1次（2時間） 明かりをつけて電気の流れを考えよう
第1時　豆電球を点灯させ、電気がどのように流れているか考える。 **AL**
第2時　ソケットなしの豆電球だけで点灯させる方法を考える。 **AL**

第2次（3時間） 手をつないだときだけ電気が流れるロボットづくりをしよう
第3時　手をつないだときだけ豆電球が点灯する回路を考える。 **AL**
第4・5時　正しい回路がわかったら、空き箱を利用して製作する。 **AL**

第3次（4時間） 電気を通す物と通さない物探しをしよう
第6・7時　製作したロボットを使って、電気を通す物と通さない物を探す。
第8時　電気を通す物と通さない物が何でできているかを考える。
第9時　電気を通さないものでも削ると通すようになる物があることを見付ける。

第4次（2時間） 学習したことを活用して修理をしよう（どちらかの活動を選択）
第10時　製作したロボットに手をつないでも電気が流れないように細工して、修理をする（ソケットのゆるみ、電池ボックスのバネなし、導線不足等）。
第11時　スイッチの修理をする（セロハン・テープによる断線等）。

| 第1時 | ACTIVE LEARNING MODEL | 教 教師の働きかけ　子 子どもの活動 |

展開1　豆電球が点灯するときの電気の流れを考える

> 電池とソケット付き豆電球をつなぐと豆電球がつくね。このとき、どのように電気は流れていると思いますか。図にかいてみよう。

子 電池と豆電球を輪になるようにつないで、豆電球を点灯させる。電池のいろいろな場所につないで、どこにつなげばよいかを考える。

子 点灯した豆電球を見ながら、電気がどのように流れるのかを考えて、ノートにイメージ図をかく。

教 ノートにかけた子どもから、黒板にもかくように伝える。わからない子は、黒板の考えを参考にしてもよいことを伝える。

子 ノートにかけたら、黒板に自分の考えをかく。

点灯した豆電球を見つめる子ども

電気が流れるイメージを板書する

Point　電気が流れるイメージ図を活用して思考の外化をめざす

●**イメージ図をかいて自分の考えを再考させる**

漠然と考えていることを図にすることにより、自分の考えを再考することになる。豆電球と電池をつないだ回路を見ながら電気が流れるイメージを考えるように助言する。ノートに自分なりのイメージをかくことができたら、かけた子どもから板書するように伝える。

このことにより、自分がわかっていることとわかっていないことや、友達との違いが明確になる。それが個々の問題意識を高めていくことになり、主体的な活動を生み出す。

●**図の分類で違いを明確にする**

子どもがかいたイメージ図の違いが明確になるように、同じ考え方をしているものを教師がまとめていく。

この手立てをとることにより、自分のイメージと友達のイメージの違いが明確になり、観察の視点をもつことができるようになる。

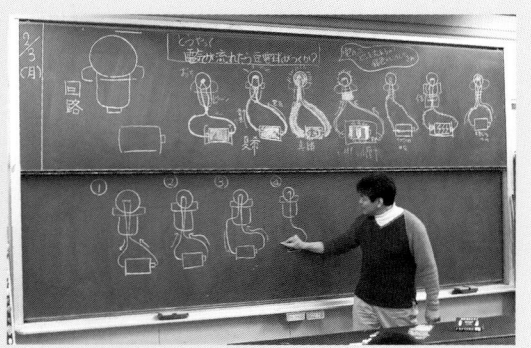

同じ考えのイメージごとにまとめる

第1時　ACTIVE LEARNING MODEL　　教 教師の働きかけ　子 子どもの活動

展開2 豆電球をソケットから外し、どのようなつくりになっているか観察する

電気の流れ方について、みんなの考えには違いがあるね。ソケットから豆電球を外して、みんなで観察してみると、何かわかるかもしれないね。

子 ソケットから豆電球を外し、電気がどのように流れているか相談しながら観察する。
子 豆電球やソケットのつくりから、電気の流れを考えてノートにかく。
教 グループで見付けたり、わかったりしたことがあれば、黒板にかくように指示する。

教 ノートや黒板の図から、電気の流れをイメージできるようになったと判断したら、わかったことをまとめるように指示する。
教 時間があれば、ソケットなしでも豆電球をつけることが可能か投げかけて、次時へつなげる。

豆電球とソケットを見ながら対話する子どもたち

対話や観察することでわかったことをまとめる

Point 対話的な学びで活動を活性化させる

●拡大図を利用して形状の意味を考えさせる

豆電球の下には突起があること、ソケットの導線が1本は下につながり、もう1本が横につながっていることに気付くことができるようにする。そのためには、拡大した豆電球を描いたワークシートを用意するとよい。グループ対話で、豆電球やソケットの仕組みの意味を考えることが、アクティブ・ラーニングにつながる。

●対話的な学びが生まれる机配置

ソケットを1人ずつ持ちながら話し合うことができるような机配置を考える。1人の考えが、新たな発見のきっかけになったり、グループみんなの共通の発見になったりするよさが生まれてくる。アクティブ・ラーニングにおいては、対話的な学びが生まれやすい環境を整えることが大切になる。

また、わかったことがあれば板書するように指示することで、黒板上にも問題解決のための重要な情報があることになるようにする。

豆電球を拡大

第2時　ACTIVE LEARNING MODEL

教 教師の働きかけ　子 子どもの活動

展開3　ソケットなしで豆電球をつけることができるようにする

豆電球がつくとき、どのように電気が流れているかわかったね。それでは、ソケットなしで、豆電球をつけることはできるかな。挑戦してみよう。

- 子 ソケットなしで豆電球をつけるためには、どのように回路を組めばよいか考えて、図面にかく。
- 子 ノートに書けたら、黒板にかく。
- 教 黒板に図面がかかれたら、どのつなぎ方がよいかみんなで話し合うように指示する。
- 教 ショート回路について教えて、ショートする可能性のあるつなぎ方はないかを考え、実際に配線しないようにする。
- 子 図面にしたつなぎ方で、実際につないで豆電球を点灯させる。点灯する場合としない場合の違いを考える。
- 教 豆電球を点灯させることができたら、導線1本でもできないか挑戦させてみたい。
- 子 豆電球が点灯するのはどのような回路のときか、自分なりにノートにまとめる。

ソケットなしで豆電球をつける方法を考える

Point　学習したことを振り返り、検討するためのワークシートを用意する

●ワークシートを使ってグループ討議

　いきなりソケットなしで豆電球をつけようとすると、子どもはやみくもに導線をつなげてみようとする。その場合には、偶然豆電球を光らせることができるだけであったり、導線と導線が触れて、ショート回路になったりしてしまう危険性が生じてくる。
　ここで重要になるのが、これまでの学習を生かして考え、実際に形にすることができるようにすることである。
　そこで、豆電球を拡大したワークシートを使い、自分の考えを表出したり、グループで検討をしたりすることができる場をつくっていくことが必要になる。

豆電球をつける方法を考える

●ショート回路への注意

　話し合いの中で、ショート回路についての説明を行うようにする。最近はマンガン乾電池より、高性能の電池が多く市販されるようになり、ショート回路の危険性が高まっている。
　4年生の学習で、電池2個を使って回路をつくる必要があり、そのときに役立つ知識を獲得することにもなる。

豆電球をつけることができて喜ぶ子どもたち

第3・4時　ACTIVE LEARNING MODEL　　教 教師の働きかけ　子 子どもの活動

展開4 学習したことを活用して「ものづくり」をする

> これを見てください。このように手をつなぐと豆電球が光りますね。このように手をつないだときだけ豆電球が光るロボットをつくってみよう。

子 手をつないだときだけ、豆電球が点灯するロボットを見る。
子 箱の中の配線をどのようにしたら、ロボットがつくれるかを考え、設計図をかく。
教 机間巡視で子どもたちの考えを把握し、違う考えが板書されるように指名する。

子 設計図を板書する。
子 板書された図を見ながら、どの回路図が正しそうかを話し合う。
子 話し合いで正しいと考えた回路で、実際に製作する。
子 完成したら、電気を通すもので確認する。

子どもたちが考えた設計図

ロボットを完成させて喜ぶ子どもたち

Point　ものづくりで「〜することができる」までの理解をめざす

●学習を生かした「ものづくり」

　これまでの学習を生かして、ものづくりを行う。アクティブ・ラーニングでは、「わかった」にとどまらず、「できる」までを目標にする。
　乾電池と豆電球を輪にすると電気が流れることがわかっていても、「手をつないだときだけ」という条件があると、回路は複雑になる。
　電気の流れをイメージできない子どもは、常に豆電球がつく状態になったり、豆電球が点灯しない回路になったりしてしまう。
　板書を活用して、話し合いを行い、正しい回路を見付け出せるようにする。

●回路図を実際に配線して、その適否を確かめる

　正しい回路がわかったら、ロボットづくりを行う。図に描くことができても、実際の配線ができない子が意外と多い。頭で理解するだけではなく、実際の形にする技術力も高めていくようにしていきたい。

ロボットづくりをする子どもたち

明かりをつけよう | 073

第3学年　全8時間

[本単元の目標] 物の種類をかえたり、形を変えたしながら重さを測り、比較をしながら、物には重さがあることや、重さの保存についての考えをもつことができるようにする。

物と重さ

資質・能力

- 物質ごとの重さを測ったり、形を変えて重さを測ったりして、重さを比較することができる。
- 解決したい問題に対して適切な実験方法を構想することができる。
- 重さの保存を調べるための実験から得られたたくさんの結果を比較しながら、結論を見いだすことができる。

● 本単元で大事にしたいこと

　子どもは物の形や体積、重さなどの性質の違いについて比較する能力を育てるとともに、物は形が変わっても重さは変わらないことや、同じ体積でも、重さが違うことを学習する。指導の際には、物は形が変わっても重さが変わらないことを学習するために、粘土やアルミ箔を用いたり、同じ体積でも、重さが違うことを学習するために、砂や砂糖、塩を同じ体積にして重さを比べたりする学習活動が考えられる。

　しかし、重さの保存については、粘土やアルミ箔を用いて学習をしても、違った文脈で問うと、それを適用できない子どもがいる場合がある。これは、科学的知識の規則性を子どもが実感を伴って学習できていない点に問題があると考える。つまり、本単元で教材として主に用いられている粘土やアルミ箔は物の出入りがないという条件の下でそれらの形を変えており、物質の総量は変わっておらず、そのような条件下ではどのような物を用いて、何度同じことをしても、物の重さは保存されるという点に気付かせることが重要であると考える。

　そこで、重さの保存について、科学的知識の規則性に基づいてより深く理解し、どのような文脈においてもそれを適用できるようにするために、単元構成、及びアクティブ・ラーニングの視点からの工夫が必要である。単元構成の工夫については、限られた時数の中で、重さの保存を取り扱う時数を可能な限り増やし、活用する場面を設定していくことをめざした。また、アクティブ・ラーニングの視点からの工夫については、最後の活用場面の中で、子どもが、重さの保存について科学的知識の規則性に基づいたより深い理解を、子どもたちの主体的な活動から得られるような教師の働きかけをめざした。

指導計画とアクティブ・ラーニングの位置

● 活用場面で試行錯誤する場面を取り入れたアクティブ・ラーニングの意図

重さの保存については、先述のような課題があるが、その原因は、重さの保存で学習する粘土やアルミ箔等を用いた学習がそれぞれ個別の学習になり、それらを科学的知識の再現性に基づいてとらえ直していくという点が不足しているためだと考える。

そこで、これまで学習した重さの保存の規則性を活用し、「粘土もどんな物も、物の出入りがなければ、何度実験をしても、物の重さは変わらない」と、より深く理解することを目的とした。

まずは重さの保存について、粘土以外の事象を扱った。例えば、組立式電池ボックスの組立前後の重さや、はかりの上に皿を置き、そこに輪ゴムを付けて、手で伸ばす前と後とで重さは変わるが、割りばしでのばしたときにその前後で重さが変わるかといった事象である。そして、最後の活用場面で、子どもたちが実験の中身を自ら考え、試行錯誤しながら解決できるように、子ども自らが体重計の上に乗って、いろいろなポーズで体重を測る学習活動を設定した。

これまでとは違う事象で、学習したことを活用する場面が設定できる点と、自分たちの体のポーズを変えることは短時間で簡単にでき、試行錯誤がしやすいという点から、このような学習の場を設定した。

●「粒子の保存性」の領域の系統性

小3	小5	小6	中1	中2	中3
物と重さ ・形と重さ ・体積と重さ	物の溶け方 ・物が水に溶ける量の限度 ・物が水に溶ける量の変化 ・重さの保存	水溶液の性質 ・酸性、アルカリ性、中性 ・気体が溶けている水溶液 ・金属を変化させる水溶液	水溶液 ・物質の溶解 **状態変化** ・状態変化と熱 ・物質の融点と沸点	化学変化 ・化合 ・酸化と還元 ・化学変化と熱 **物質の質量** ・化学変化と質量の保存 ・質量変化の規則性	酸、アルカリとイオン ・酸・アルカリ ・中和と塩

● 指導計画（8時間扱い）

第1次（2時間） 重さ比べを通して、物にはいろいろな重さがあることを理解する
　第1時　いろいろな物の重さを手でもって調べたり、はかりを用いて測定したりする。
　第2時　見た目が同じ物でも、はかりで量ってみると、その重さが違うことに気付く。

第2次（2時間） 見た目が同じでも、素材によって、物の重さが違うことについて理解する
　第3・4時　同体積で素材が違うもの（球形をした木、鉄、プラスチックや、同体積の砂糖と塩など）の重さを比べ、物質によって重さが違うことに気付く。

第3次（4時間） 同じ物でも、物の出入りがなければ、形を変えても重さが変わらないことを理解する
　第5・6時　物を、形を変える前と後で重さを比較し、どんなものでも、物の出入りがなければ、物の重さは変わらないことに気付く。
　第7・8時　自分の体に置き換えて、重さの保存について考える。 **AL**

第7・8時 ACTIVE LEARNING MODEL

教 教師の働きかけ　T C 教師と子どもの発言

展開1 既習事項を確認する

これまで、どんなものを使って、何を確かめてきたかな。

教 重さの保存について、これまで学習してきたことを想起させ、本時の見通しをもたせる。

教 これまで学習してきた教具を提示しておき、何を学習したのかを振り返りやすくしておく。

教 重さの保存について、これまで学習してきたことを想起させる。

T 「重さの学習ではこれまでにどのような実験をしてきましたか？」

C 「粘土を使って、形を変える前と後の重さを比べました」

T 「それでわかったことは？」

C 「物は形を変えても重さは変わらないということです」

T 「ほかにもそれがわかるような実験をしたのだけど、どんな実験をしたのか覚えているかな？」

C 「電池ボックスを使ったり、ビー玉と皿を使ったりしながら実験をしました」

ビー玉と皿と輪ゴムを用いた実践の様子

Point 既習事項を行った実験とそこからわかったことに着目して想起させる

多くの事象を比較して、重さの保存について学習を進めていくために、本時の最初ではこれまで学習してきたことを想起させる。その際には、まず実験方法に着目させて想起させ、重さの保存を習得するために取り扱った事象を具体的に思い出すことができる。そして、単なる実験の想起に終わらないようにするために、その実験からわかったことも振り返らせるようにする。

重さは軽くなる　　重さは変わらない

なお、前時までに取り扱った教具の中でも、ビー玉と皿と輪ゴムを用いた実践について簡単に説明をする。この実践は、本単元の体重計に乗って、いろいろなポーズで体重を量る活動につなげていくために行った。上のように、皿の上に輪ゴムをテープで貼り、ビー玉を敷き詰めた皿を準備した。輪ゴムを手で引っ張ると、重さは軽くなる（写真左側）が、割りばし等で引っ張ると、重さは変わらない（写真右側）ことが実験から明らかになる。

前者が、体重計に乗って、背伸びをしたのを誰かがひっぱるイメージであり、後者が体重計に乗って、背伸びをした状態のイメージと重なるようにした。

第7・8時

ACTIVE LEARNING MODEL　教 教師の働きかけ　子 子どもの活動　T C 教師と子どもの発言

展開2　本時の問いを確認する

> 体重計に乗って背伸びをすると、体重は変わるかな。

教 体重計をグループに1台ずつ配り、子どもたちにその上に乗るように指示する。
子 静かに体重計に乗り、体重を量る。
教 子ども全員が体重を量り終えたら、発問する。
T 「体重計の上に乗って背伸びをすると、体重は変わるかな？」
C¹ 「変わらないよ」
C² 「ちょっと軽くなると思うよ」
T 「どうして変わらないと思ったの？」
C¹ 「だって、前の授業で、形が変わっても、重さは変わらないということを学習したでしょ。これも同じで、体重計に乗る人がどんなかっこうをしても、重さは変わらないと思う」

T 「じゃあ、変わると思った人は、どうして体重が軽くなると思ったの？」
C² 「体重計にのって、背伸びをするということは、上にのびるということでしょ。上にのびる分、重さが上の方に集まって、軽くなると思う」

体重計に乗って確かめてみる様子

Point　自分の立場を明確にさせて理由を問い、子どもの考えを交流させる

　問題の提示については教師が主導で行っているが、重要なのは子どもが自分の立場を明確にすることである。主体的な活動にするためには、自分の考えをもたせた上で活動させることである。そこで、体重が変わるか、変わらないか、またそれはどうしてなのかについて明らかにしておくことが必要である。

　その際、既習事項を活用しているC¹のような子どももいれば、C²のように、適用できていない子どももいることが考えられる。C²のような子どもも、体重計に乗って、背伸びをしても、体重が変わらないということに気付くとともに、今後の展開を通して、これまで学習してきたことと同じことを確かめているのだということに気付かせていくようにする。なお、本時の板書計画を右に示す。

問題
体重計の上にのって、背伸びをすると、体重は変わるか？

実験
体重計の上にいろいろなポーズで乗る。

結果の表（上）

予想
変わる…
変わらない…

理由
（変わる）…重さが上に集まる。
（変わらない）…今までと同じだから。

まとめ
物の出入りがなければ、物の重さは、形を変えても、変わらない。

本時の板書計画

物と重さ | 077

第7・8時 ACTIVE LEARNING MODEL

教 教師の働きかけ　T C 教師と子どもの発言

展開3 いろいろなポーズで体重計に乗り、実験をする計画を立てる

> いろいろなポーズで体重計にのってたしかめてみよう。

教 体重計に、そのまま乗るときと背伸びをして乗るときとで、体重が変わるかどうかを調べる場を設定する。
T「では、実験で確かめてみよう」
C¹「背伸びをして、体重計に乗っても、体重は変わらない」
T「他のポーズでは体重は変わるだろうか？」
C²「どんなポーズをしても変わらないと思う」
C³「変わる場合が一つくらいはあるかな？」
T「じゃあ、どんなポーズがあるかを考えて、書いてみよう」（熊手チャートを示す）

直立している 　　しゃがんでいる
背伸びしている 　友達が引っぱっている 

Point　試行錯誤を熊手チャートで「見える化」する

　実験をする場面では、班で協力して、子どもたちが考えたいろいろなポーズで体重計に乗せて調べさせるようにする。そのために、どのようなポーズで体重計に乗るかの実験計画を考える段階で、試行錯誤を「見える化」するとよい。
　例えば、下のように、熊手チャートを用いて、体重計に乗るポーズを広げられるように指導することが考えられる。普通に乗ったときを基準として、背伸びをして乗る場合や、その他の場合など、どのように広げられるかを考え、熊手チャートとして残しておくことで、考えた跡が残る。
　このようなツールを活用することで、いろいろなポーズを考えることができる。

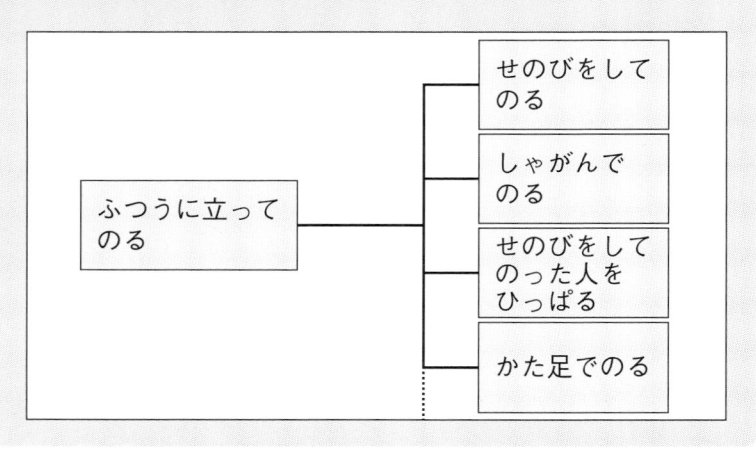

```
ふつうに立って ─┬─ せのびをしてのる
のる            ├─ しゃがんでのる
                ├─ せのびをしてのった人をひっぱる
                └─ かた足でのる
```

078 ｜ 第2章　実践編

第7・8時 ACTIVE LEARNING MODEL

教 教師の働きかけ　T C 教師と子どもの発言

展開4　実験を行い、結果から物の重さの保存性についてまとめていく

たくさんの結果を比べてみよう。どんなことがわかるかな。

教 実験のデータをたくさんとり、それらを比較しながら、物の重さの保存性についてまとめていく。

教 まとめていく際には、これまでの学習も含め、表（マトリクス）を用いてまとめ、比較させる。

教 結果をまとめた表から、物の重さと体積について、「物の出入りがなければ、形を変えても重さが変わらない」とまとめていくようにする。

T「体重計にいろいろな乗り方をしました。重さが変わる場合はどんな場合でしたか？」

C「上着を脱いで体重計に乗ると、重さが変わりました」

T「では、重さが変わらない場合は？」

C「背伸びをしても重さは変わりませんでした」

T「では前の時間までに実験したことと合わせて、表に表そう」

（表にした後）

T「重さが変わるときと変わらないときでは、どのような違いがあるかな？」

C「重さが変わるときは物が減っていたり、増えていたりします」

T「それは表のどこをみるとわかるかな？」

C「表でいうと、例えば、上着を脱ぐときとそうでないときや、粘土を全部乗せたときと乗せないときを比べると、わかります」

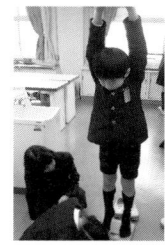

T「物の出入りがないときに、重さは変わらないということがわかりますね」

背伸び　　引っぱる

Point　結果をまとめるときには、表（マトリクス）を用いる

実験計画に基づいて実験を行い、結果を記録していく。たくさんの実験をすることで、たくさんの結果が得られ、それらに基づいてまとめることができ、科学の再現性に基づいて、物の重さの規則性について考える材料が増える。

結果をまとめる際には、体重計の数値が変わる場合も、記録しておく。そして、これまでの学習と合わせて、表（マトリクス）にまとめ、重さが変わるときと変わらないときを比較しながら、「物の出入りがなければ、重さは変わらない」ということに気付かせるようにする。

	重さが変わらないとき	重さが変わるとき
体重計（本とき）	背伸びをして乗るとき　片足立ちで乗るとき	だれかが押さえ付けるとき　上着をぬいで乗ったとき
粘土	丸くしただけのとき　ちぎってすべて乗せたとき	ちぎったものをぜんぶのせないとき　ちぎったものより多くのものをのせたとき
電池ボックス	そのまま組み立てたとき	部品がなくなったとき
輪ゴムと皿	割りばしで伸ばしたとき	手で引っ張るとき

マトリクス

物と重さ｜079

第3学年　全12時間

[本単元の目標] 身近な昆虫を探したり育てたりする活動を通して、成長の過程には一定のきまりがあること、昆虫の成虫の体は、頭・胸・腹からできていることを理解させる。

昆虫の成長と体のつくり

資質・能力

- 様々な昆虫の体のつくりを比較しながら、類似点と差異点を見付けることができる。
- 様々な昆虫の成長の仕方を比較しながら、類似点と差異点を見付けることができる。
- 昆虫の飼育の仕方を調べ、友達と協力しながら育てることができる。

● 本単元で大事にしたいこと

　本単元で子どもは、「頭には目や触覚がある」「胸には3対6本のあしがある」「はねがついているものがある」「腹はいくつかの節からできている」といった昆虫の体のつくりの特徴について学習する。(参照：『小学校学習指導要領解説　理科編』p.28)。

　ここで注意しなければならない指導上の問題がある。それは、様々な種類の昆虫を観察した情報をもとに、昆虫の体のつくりの特徴に気付かせていくという帰納的な思考に依拠した学習は、ほとんど成立しないということである。

　右のシルエットはオオカマキリなのだが、本当に6本すべてのあしが胸から出ているように見えるだろうか。子どもは、腹から4本のあしが出ていると言う。様々な昆虫を観察すれば観察するほど、子どもの考えは拡散し、昆虫の体のつくりの共通性にはたどり着かなくなる。正しく認識できる観察の視点がないからである。

　科学哲学者N・R・ハンソンが言う「観察の理論負荷性」である。

　本単元における一般的な学習展開は、昆虫を成長の順序通りに観察させ、それぞれの観察事実を記録していくものである。しかし、「観察の理論負荷性」からすれば、成虫から観察をスタートさせる展開もあり得る。

　そこで本単元では、アリの成虫の観察を通して昆虫の体のつくりの基本を学ぶことから学習をスタートさせる。本来の成長とは逆順の観察活動（成虫→さなぎ→幼虫）を設定し、その視点をさなぎや幼虫の体のつくりにも適用させていく。さらに、その他の様々な昆虫同士の体のつくりの共通性に気付かせていく。

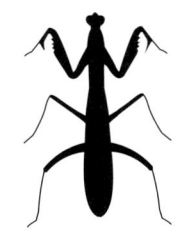

指導計画とアクティブ・ラーニングの位置

● アクティブ・ラーニングを導入する意図

　本単元では、認知プロセスの外化の一つである「図表化」による比較を重視したアクティブ・ラーニングを中心に導入する。

　前述したように、"観察の理論負荷性"によって、子どもは昆虫との直接経験を経ても、対象を正しく認識することは難しい。そこで、アリの成虫の絵をかかせ、自分と友達、友達同士を比較させることでその違いを指摘させる。その違いは、そのまま観察の視点となる。観察の視点が明確になれば、子どもの認識を共有化させることが可能となる。

　ここで必ず押さえたい昆虫の体のつくりの基本的なきまりは、以下の3つである。
・体は「頭・胸・腹」の3つに分かれている。
・胸には3対6本のあしがある。
・腹はいくつかの節からできている。

　これらの視点を明確にした上で、他の昆虫の体のつくり（例えばカブトムシやタガメ）を観察させる。すると、体のくびれやパーツの大きさに迷いながらも、友達との対話的な学びの中で、子どもたちは正しく判断できるようになっていく。

　そして、次のような体のつくりの他の特徴にも気付いていく。
・頭には目や触覚がある。
・はねがついているものがある。

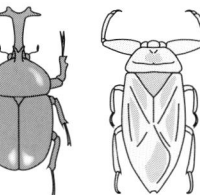

●「生物と構造と機能」領域の系統性

小3（B区分）	小4（B区分）	小6（B区分）	中1（第2分野）
昆虫と植物 ・植物の成長と体のつくり	人の体のつくりと運動 ・骨と筋肉 ・骨と筋肉の働き	人の体のつくりとはたらき ・呼吸 ・消化・吸収 ・血液循環 ・主な臓器の存在	植物の体のつくりと働き ・花のつくりと働き ・葉・茎・根のつくりと働き

中2（第2分野）
動物の体のつくりと働き
・生命を維持する働き
・刺激と反応

● 指導計画（12時間扱い）

第1次（4時間） こん虫のからだを調べよう
- 第1時　アリ（成虫）の体のつくり 〈AL〉
- 第2時　他の昆虫の体のつくり
- 第3時　カイコ（幼虫）の体のつくり 〈AL〉

第2次（6時間） チョウとガを育てよう
- 第4時　モンシロチョウの育ち方（ビデオ視聴）
- 第5時　たまごの観察
- 第6・7時　幼虫の観察
- 第8時　さなぎの観察
- 第9時　成虫の観察（強制羽化の観察）〈AL〉

第3次（2時間） 他のこん虫の育ち方を調べよう
- 第10・11時　さなぎにならないこん虫の飼育
- 第12時　「あしだけクイズ」づくり 〈AL〉

昆虫の成長と体のつくり | 081

第1時　ACTIVE LEARNING MODEL

凡例：教 教師の働きかけ　子 子どもの活動　C 子どもの発言

展開1　アリ（成虫）の観察

👩「みなさんは、先日アリをつかまえて、よ〜く観察していたね。では、アリを上から見た絵をノートにかこう。」

子 ルーペ付き観察ケースの上から見たら、どんなアリが見えたか、絵をノートにかく。

教 絵が出来上がった子どもから、黒板にもかかせていく。自信がなくかけない子には、友達の真似をしてもよいことを伝える。

ルーペ付き観察ケース

教 子どもたちの半数が黒板にかき終えたら、どれが一番本物に近いか選ばせる。

子 どうしてその絵が本物に一番近いと思ったのか、その理由を発表する。

C¹「体は3つに分かれていたような…」
C²「お腹からも脚が出ていたと思う」
C³「頭から脚は出てないよね」
C⁴「あしは6本だったはず」
C⁵「目はなかったと思う」
C⁶「頭には角が2本あるよ」
C⁷「あしは途中で曲がっていた」

教 発表された理由を、問題の表現に変えて板書していく。
例：あしはどこから出ているか？

子 本物のアリを観察し、もう一度アリの絵をかく。問題の答えは、絵に矢印を引きながらメモとして書き込む。

教 昆虫の体の特徴の基本を、アリの拡大写真をもとに解説する。

Point　アリの絵を比較する活動を通して、昆虫の体のつくりの基本を理解させる

事前にアリを一人一匹ずつ捕まえさせ、ルーペ付きの観察ケース等に入れる。そして、餌をあげたり上から観察したりするなどして、アリと十分に触れ合う時間を確保しておく。

子どもはアリの絵をかきはじめるのだが、思うようにかけない。ここで、自分がわかったつもりであることに気付く。

黒板にかかれた絵を比較してみると、いろいろな違いがあることがわかる。しかし、どれが本物に近いのか自信がもてない。このような不安定な状況を生み出すことで、子どもの観察への意欲は高まっていく。

実際に観察すると、今まで見えなかったアリの体の特徴が見えてくることに子どもは驚く。観察の視点が明確になったからである（観察の理論負荷性）。

その後、子どもの意識は、「他の昆虫の体のつくりはどうなっているか？」という問題意識へと進んでいくことになる。

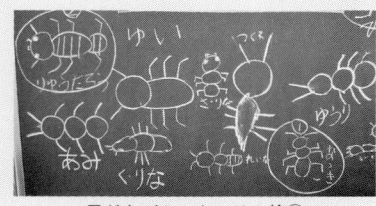

子どもがかいたアリの絵①

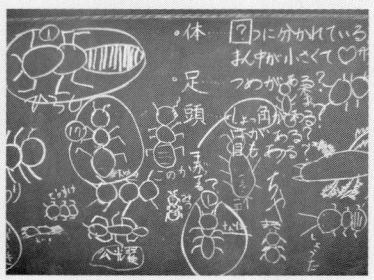

子どもがかいたアリの絵②

第3時　ACTIVE LEARNING MODEL

展開2　カイコ（幼虫）の観察

> みなさんのカイコは、今、幼虫まで育っています。
> では、幼虫を横から見た絵を、ノートにかいてみよう。

- 教 カイコとアリの成虫の体のつくりの特徴には、似ているところがあることに気付かせる。
- 子 カイコの幼虫を横から見た絵を、ノートにかく。
- 教 絵が出来上がった子どもから、黒板にもかかせていく。自信がなくかけない子には友達の真似をさせる。
- 教 子どもたちの半数が黒板にかき終えたら、どれが一番本物に近いかを選ばせる。
- 子 どうしてその絵が本物に一番近いと思ったのか、その理由を発表する。
- 教 子どもたちが発表する理由をもとに、観察の視点を明確にしていく。
- 子 カイコの幼虫の絵をもう一度かく。
- 教 アリやカイコの成虫とカイコの幼虫の体のつくりを比較させながら、体のつくりの特徴の似ているところに気付かせていく。

カイコの幼虫の観察

Point　幼虫の体のつくりが成虫と似ていることに気付かせる

　カイコの成虫の体のつくりを調べてみると、昆虫の特徴をすべて確認することができる。体の切れ目を指摘できない子も、裏から見ると「はら」には節があること、そして、すべての脚は「むね」についていることなどを理由に、子ども同士で教え合いながら判断できるようになる。

　アリの観察と同じように、幼虫の絵を黒板にかかせ、比較を通して観察の視点を明確にしていく。実際にカイコの幼虫を観察してみると、脚は全部で16本ある。前の脚には爪がついていて、クワの葉をつかんで食べるときに使い、後ろの脚は吸盤のように葉にすいついて体を支えるという役目があることを、子どもはこれまでの観察事実をもとに理解する。さらに、成虫と同じように前の6本が本物の脚であること、脚の位置を頼りに右のように体は3つに分けることができることを、子どもは指摘した。

　他の幼虫（ヤゴ）で確かめてみると、さなぎにならないトンボの幼虫であるヤゴの体も、頭・胸・腹の3つに分けられることが観察できる。

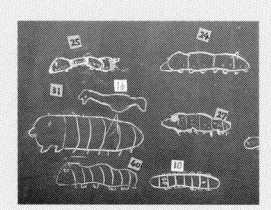

幼虫の体のつくりの絵

幼虫の体を3つに分ける

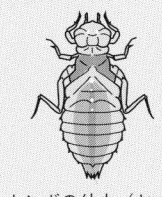

トンボの幼虫（ヤゴ）

昆虫の成長と体のつくり　| 　083

第9時 ACTIVE LEARNING MODEL

教 教師の働きかけ **子** 子どもの活動

展開3 モンシロチョウの羽化の観察

これから、モンシロチョウが羽化する瞬間を観察します。さなぎからどのように成虫が羽化するのだろうか。

教 モンシロチョウの幼虫や成虫、さらにさなぎでも、昆虫の成虫に見られる体のつくりの特徴を観察させておく。

教 「強制羽化」の準備をする。

子 モンシロチョウが羽化する様子を、教科書の写真資料をもとに調べる。

子 モンシロチョウの成虫が羽化する様子を観察し、ノートに記録する。

教 モンシロチョウが羽化するビデオ教材を映しながら、次の点について子どもたちに解説をする。
- 昆虫の多くは、鳥などの天敵に食べられないように早朝に羽化する。
- 羽には筋のような管があり、そこに体液を送り込んで羽を伸ばす。
- いらない物を体の外に出し、体が乾くと飛んでいく。

モンシロチョウの強制羽化

Point 羽化の観察を通して、昆虫が成長に変態することの不思議さを感じ取らせる

　モンシロチョウが羽化する様子を直接観察することは、ビデオや写真資料では味わえない感動がある。理科の授業の中でモンシロチョウを羽化させる「強制羽化」の方法を紹介する。

　教材やさなぎの中の羽が透けて見えるようになり、時々ぴくぴくと動くようになったら、冷蔵庫の野菜室に入れ、一時的に冬眠状態に入らせる。1、2日間は保存可能である。

　理科の授業の直前になったら、さなぎを冷蔵庫から取り出し、鉄製スタンドに取り付ける。白熱灯で下から照らし、さなぎを温める。

　およそ15〜20分程度で羽化が始まる。1分間ほどでさなぎから成虫が出てきてしまうので、観察のタイミングを逃さないように注意する。

　羽化の後、羽が少しずつ伸びていく様子も観察できる。その際、チョウには絶対に手を触れてはならない。体から羽への体液の流れが阻害されてしまい、羽が伸びきらなくなってしまう。

　さなぎの数が少ない場合は、ビデオカメラでモニターに拡大して映すなどして対応する。

羽を伸ばすモンシロチョウ

第12時

ACTIVE LEARNING MODEL

教 教師の働きかけ　子 子どもの活動

展開4 「あしだけクイズ」づくり

この「あし」の正体は何だろう？
『昆虫あしだけクイズ』をつくって、クイズを出し合ってみよう。

教 昆虫「あしだけクイズ」を、ヒントを出しながら子どもたちに出す。

参考：鳴川哲也（教科調査官）実践

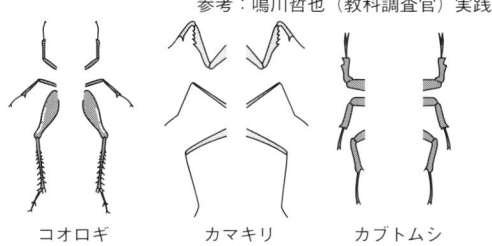

コオロギ　カマキリ　カブトムシ

子 それぞれの昆虫の脚に違いがある理由を考え、話し合う。

教 その昆虫の生活の様子（食べ物や行動、住んでいる場所）に合う脚になっていることを解説する。

教 「あしだけクイズ」のつくり方を、子どもたちに説明する。
①昆虫図鑑から、問題にしたい昆虫を選ぶ。
②カードの表には、選んだ昆虫のあしだけを大きくかき、その周りにヒント（大きさ、食べ物　等）となる情報を吹き出しに書き込んでいく。
③カードの裏には、答えとなる昆虫の全体の図と豆知識を、図鑑を参考にまとめる。

子 友達同士でクイズを出し合い、答えとなる昆虫の豆知識を解説する。

子 家に持ち帰り、家族にも出題して感想をもらう。

Point 様々な昆虫の生活の様子と関係した脚のつくりの違いに気付かせる

　様々な昆虫の脚のシルエットを、1つずつプロジェクターで映す。（昆虫図鑑を図をモノクロでスキャニングして作成）「この脚をもつ昆虫は何でしょうか？」とクイズ感覚で子どもたちに出題し、自由に答えてもらう。正解が出たときには、わかった理由も説明してもらう。
「後ろあしが太いから、きっとジャンプするバッタの仲間だね」
「獲物をつかまえるかまがあるから、カマキリだ！」　等
　クイズは、昆虫1匹をカード1枚にまとめる。表には昆虫のあしだけがかかれた「問題」とヒント、裏には「答え」と簡単な「解説」を書く。
　でき上がったら、友達同士で問題を出し合い、友達が答えた後に、その昆虫の豆知識を説明する。
　ここでの経験をもとに、様々な動植物の「〇〇だけクイズ」をつくってみるとおもしろい。例えば、「しっぽだけクイズ」「種だけクイズ」「葉だけクイズ」「花だけクイズ」等、様々なバリエーションが考えられる。動植物の体の一部分に観察の視点を焦点化することで、新たな気付きが生まれる。

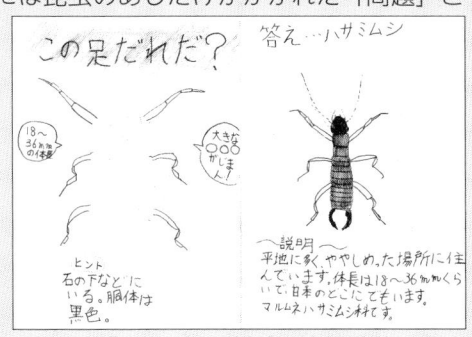

「あしだけクイズ」（ハサミムシ）

昆虫の成長と体のつくり | 085

第4学年 全12時間

[本単元の目標] 金属、水及び空気を温めたり冷やしたりして、それらの変化の様子を調べ、金属、水及び空気の性質についての考えをもつことができるようにする。

ものの温まり方

資質・能力

- 意味理解をすることによって、知識を定着することができる。
- 変化した結果と変化させた原因を関係付けることができる。
- 学習したことを次の時間に活用することができる。

● 本単元で大事にしたいこと

　本単元は、学習指導要領において、「粒子のもつエネルギー」の領域に位置し、高校の化学につながるものである。ここでは、金属、水、空気の温まり方について現象を観察して理解するだけではなく、金属、水、空気を粒子としてとらえるなど、科学的な見方や考えをもつことができるようにしたい。

　しかし、子どもたちは湯を沸かす、暖房器具を付けるなど日常生活で水や空気などを温める経験をしたことがあっても、ものの温まり方について意識をして観察をしたり、金属、水・空気で温まり方が異なるという考えをもっていたりする子どもはほとんどいない。

　そこで、子どもたちがものの温まり方について、現象を観察して理解するだけでなく、主体的・対話的にものの温まり方について追究し、ものの温まり方について意味理解を深めることに重点を置きたいと考えた。そうすることによって、原因と結果を関係付ける資質・能力や金属、水、空気を粒子として考える土台を育てることができると考えた。

　本単元の学習前に、多くの子どもたちは、「ものの温度と体積」の学習で、空気、水、金属は温度が上がると体積が増加し、温度が下がると体積が減少すること、そして、体積の変化は空気、水、金属の順に小さくなることを学んでいる。

　この学習を生かして子供の学びが連続するように、ものを温めたときの温度変化や温まり方に着目し、変化とそれにかかわる要因を関係付けながら調べることに重点を置く。それによって、「本気で問題解決をしたい」と知的好奇心をもち続けた状態で、粘り強く問題解決を行い、深い学びを実現できるようにしたい。

指導計画とアクティブ・ラーニングの位置

● 意味理解を促す場面でアクティブ・ラーニングを導入する意図

本単元において、ものを温める経験や現象の観察だけで理解を図る学習では、粒子のもつエネルギーについて見方や考え方を育てることが困難であると感じていた。

そこで、水が上から温まるのは、温められた水が周りの冷たい水と比べて軽くなったために上昇し、水は上から温まっていくという、現象の意味を考えるような授業構成をめざしてきた。このように現象の意味理解を促すことで、事実から原因と結果を分析し、水が上から温まる理由を科学的かつ論理的に説明できる資質・能力を養うことができると考えた。

水の温まり方については、「金属と違い、どうして火元から順ではなく上から温まるのか」という子どもの素朴な疑問を取り上げ、問題解決する意欲を高めるようにする。ここで、既習事項を活用したり、主体的かつ対話的な学習活動をしたりすることによって、「温められた水は体積が増え、冷たい水と同体積で重さを比較すると軽くなったために上に移動した」という現象の仕組みを適切に説明できるようにしたい。

この意味理解に至るためには、仲間と相談したり既習の知識を活用させ、モデルを考えたりするアクティブ・ラーニングが必要になる。この活動を経ることで、子どもたちの意味理解が促され、関係付けの資質・能力を育成することができると考えた。そのために、モデル図、2次元チャート、掲示物をこの学習では活用することにした。

●「粒子のもつエネルギー」領域の系統性

小4（粒子）	中1（粒子）	中2（粒子）	高校（化学）
金属、水、空気と温度 ・温度と体積の変化 ・温まり方の違い ・水の三態変化	状態変化 ・状態変化と熱 ・物質の融点と沸点	化学変化 ・化合 ・酸化と還元 ・化学変化と熱	物質の探究 ・単体・化合物・混合物 ・熱運動と物質の三態

● 指導計画（12時間扱い）

第1次（4時間）　金属の温まり方について調べよう
- 第1時　お湯に入れた金属スプーンがどのように温まるかを調べる。
- 第2～4時　様々な形の金属（棒・板・コの字）はどのように温まるかを調べる。

第2次（5時間）　水の温まり方について調べよう
- 第5時　斜めにした試験管に入れた水を中心から温め、温まり方を調べる。
- 第6時　ビーカーの水（水以外に何も入れない）の温まり方を調べる。
- 第7時　サーモインクを使って、水は上から温まることを確かめる。
- 第8時　水の温まり方を図に表わし、上から温まる理由を考える。　**AL**
- 第9時　温められた水が上に移動する理由を調べ、原因を追究する。　**AL**

第3次（2時間）　空気の温まり方を調べよう
- 第10・11時　温められた空気も軽くなり、上から温まることを確かめる。

まとめ（1時間）　学習のまとめをしよう
- 第12時　金属は動かない粒、水と空気は動く粒でできているという見方ができる。

第8時 ACTIVE LEARNING MODEL

教 教師の働きかけ　子 子どもの活動

展開1　水が上から温まることに気付く

> サーモインクを使うと、温められた水は上に上がっていくね。観察したことを図に表し、水が温まる順序をグループごとに発表しよう。自分たちの考えと友達の考えを比較しよう。

教 前回は水が温まる様子が見えにくいことから、水が温まる様子は示温インクを使うと見えやすいことを伝える。

教 観察したことを図や言葉で表し、温められた水が上昇することに疑問をもつことができるようにする。

子 観察や図を見て話し合う活動から、水は温められると上に移動していることをつかむ。

子 どうして水は温められると上に上がるのか問題として把握する。

教 ビーカーの外側に火があたるようにし、変色した、温められた水が上昇することが見やすいようにする。

教 何度も観察させることが重要である。また、

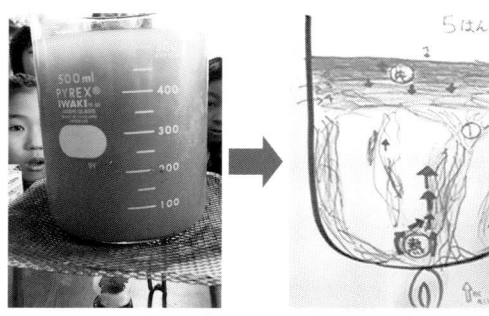

サーモインクで温まり方を観察する様子

水の温まり方を時系列で描いたイメージ図

アイスボールを入れ、冷やされた水が下降する現象を見せるとよい。

Point　イメージ図を活用して、把握させたい問題を見付けさせる

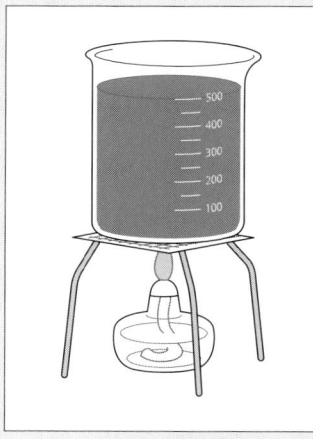

イメージ図

　本来、イメージ図は子どもの思考を助けるツールの一つになる可能性があるが、あまりにも指導者のかかせたい思いが強い図を用意すると、子どもの思考を狭めてしまうことがある。
　そこで、図のように、ビーカー、水、熱源を描いただけの図を用意し、観察したことを描くように声を掛ける。すると、「もう一度、水が温まる様子を見たい」と子どもたちが再び現象を見直したいという願いが強くなる。
　この観察によって、子どもたちは「温まった水が上に上がって、上に溜まっていく。それが徐々に下がっていって全体が温まるようだ」という現象に全員が気付く。
　以下にこのイメージ図のよいところを示す。
○水が温まる様子を見て、指導者が把握させたい問題を見付けることができる。
○グループで1つ時系列に水の温まり方を表すことで、水の温まり方を説明するのに役立つ。
○「水が軽くなって上がる」、という説明を後で付け加えることで意味理解を促すことができる。

第9時　ACTIVE LEARNING MODEL

教 教師の働きかけ　子 子どもの活動

展開2　水はどうして上から温まるのか理由を考え、追究の方法を考える

> お湯墨汁の入ったビンに透明ラップでふたをして、水を入れた水槽に沈めるよ。お湯墨汁のふたを竹串で穴を開けると墨汁が上に上がっていくね。なぜ温かい湯は上昇するのか考えてみよう。

教 墨汁で着色した60℃の湯を無色透明のガラスビンに入れて透明ラップでふたをしたものを用意し、水の中で湯は上昇することを演示でつかませる。

教 水槽等をグループの分用意し、湯は上昇するが水墨汁だと上昇せずに下に沈むことをつかませる。

教 似た予想をした子同士でグループを編成し、実験させる。

子 お湯墨汁が上に上がることと、温められた水が上に上がることを関連付け、上昇する理由を考える（予想を立てる）。

子 似た予想の友達と2～4人で温められた水が上昇する理由を自分たちが考えた方法で追究する。

子 調べた方法がうまくいかないときは、他の班を参考にし、別の方法で調べる。

湯墨汁が上昇する現象をもとに予想を話し合う様子

Point　予想を活発に話し合い、グループ編成に生かすことのできる2次元表

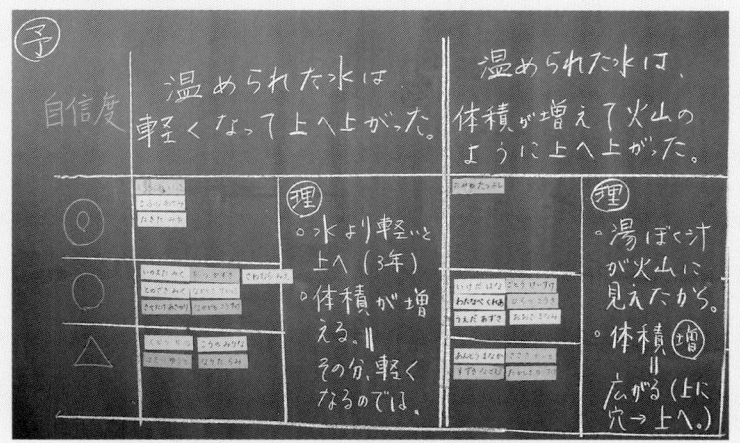

図　2次元チャート

図のように、本時での予想は大きく分けて、上記の2つに分けられる。ここで、自信度を含めて、表に名前マグネットを貼ることにする。

このように、対立軸を示すことで話し合いが活発になり、追究意欲が高まる。実験を行うグループは、温められた水が上昇する理由（予想）が似ていて、自信がある子と自信がない子を2～4人のグループにして組むようにした。予想だけでなく、学級の子どもたちの様々な実態に応じて、指導者がグループ編成するとねらいに達しやすい。

ものの温まり方

第9時　ACTIVE LEARNING MODEL

教 教師の働きかけ　子 子どもの活動

展開3　考えた方法で実験し、結果を考察する

みんなが考えた予想や方法をもとに、調べましょう。水が温まると軽くなるのでしょうか。

教 水を温めても重さは変わらないが、同体積にすれば湯のほうが軽いことをつかめるように助言する。

教 実験方法についてはいくつか用意し、提案できるようにしておく。

教 ３年生「ものの重さ」の学習を想起させたうえで、水と湯をペットボトルに入れて同体積にして重さを比較させる。

子 水を温めると、同体積の水よりも軽いことをつかむ。

子 水を温めると既習事項から水の体積が増えること、そして、それは同体積にして重さを比べた場合、軽くなっていることと等しいことに気付く。

水と湯のペットボトルの重さ比べ
・天秤で比べる。
・両方、水に入れる。
　　　　　（軽いと浮く）
・質量を計る。

Point　掲示物を活用して、子どもたちの思考・表現を活発にする工夫

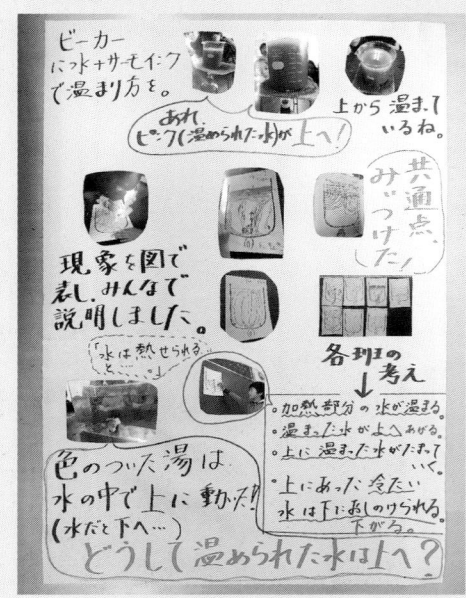

既習事項の掲示物

既習事項を生かすことができれば、子どもたちは活発に思考・表現することができる。そこで、左のように子どものつぶやきやノートの内容から、毎時間の学習の軌跡を模造紙に残しておき、掲示する。朝の時間などに指導者と子どもたちで作製すると、みんなで問題点や次の授業の流れを確認できる。

ここでポイントとなることは、指導者の意図・流れに即した子どもの考えだけを載せるのではなく、できるだけ異なる考えを掲示物の中で分類・整理することである。

自分と違う考えがあることで葛藤が起こり、思考表現が促進される。それによって、導入でもった知的好奇心をもち続けることができ、主体的な問題解決を続けることができる。

第9時 ACTIVE LEARNING MODEL

展開4 学習をまとめる

どうして温められた水が上昇したのか、まとめましょう。

- 教 湯のペットボトルは冷めるとへこむことやふたを開けると水よりも量が少ないことに気付かせ、軽くなったことをつかませる。
- 教 結果とともに温度と体積の学習をもとにして話し合い、湯が軽くなって上昇していることに気付けるようにする。
- 子 水が温まると体積が大きくなり、その分だけ水より軽くなるから湯が上に上がることを理解する。
- 子 もう一度、イメージ図に事実や考えを付け足し、水の温まり方を説明することによって、結果とその原因を関係付けることができるようにする。

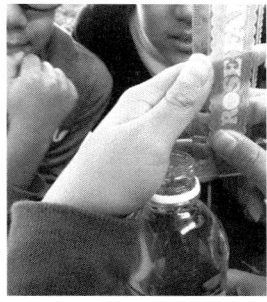

ボトルの保管　　体積の減少

- 教 水が温められると体積が増え、軽くなって上昇する、という一連をとらえることが難しい場合、現象の理解にとどめる。

Point イメージ図への解説文を書き、現象の理解から意味理解へとつなげる

展開1のPointで示した、はじめに考えた図に、結果や考えを付け加えていくと、子どもたちは水の温まり方について現象だけでなくその理由も理解することができる。
①水が温められると体積が大きくなる。
②同じ体積で比べると湯の方が軽くなる。
③だから、温められた水は上へ移動する。
④下から軽くなった湯がたまり、水全体が上から温まる。
と話し合いを通して、意味理解ができるようになっていく。

　水の温まり方を追究する場面でアクティブ・ラーニングを行うと、空気の温まり方の学習では、空気も上から温まるのではないか、と仮説を立て主体的に学習を行う様子が見られる（右のように子どもたちが自分たちで仮説を立て、検証を行う。段ボールの下には、乾電池式のミニヒーターが置いてある）。

自作の実験装置

ものの温まり方 | 091

第4学年 全13時間

[本単元の目標] 金属、水及び空気を温めたり冷やしたりして、それらの変化の様子を調べ、金属、水及び空気の性質についての考えをもつことができるようにする。

金属、水、空気と温度
― 温度と体積の変化 ―

資質・能力

- 温度の変化と金属、水及び空気の温度と体積の変化とを関係付けて調べることができる。
- 目に見えない世界の変化を、実験結果に基づき、図や言葉で説明できる。
- 温度によって体積が変化する様子は、金属、水及び空気によって違いがあることを関係付けてとらえることができる。

● 本単元で大事にしたいこと

　この単元では、金属、水及び空気の温度と体積の変化の様子の違いを実験結果に基づいてとらえることとされている。また、系統性では、「粒子のもつエネルギー」領域に当たる小学校理科で唯一の単元である。したがって、発達の段階に応じた粒子的な物の見方・考え方を伴う資質・能力をどう育てるかが大事である。

　例えば、試験管に石鹸水の膜を張り、お湯の入ったビーカーに浸けると、石鹸水の膜が膨らむという実験結果を得られる。この実験結果に基づけば、子どもは「試験管の中の空気の体積が大きくなったからだ」ととらえるかというと必ずしもそうではない。「空気が熱いところから逃げたから」「軽くなって上に行ったから」など、同じ実験結果を得ても、様々なとらえ方をする。このような子どもの様々なとらえ方を実験結果や話し合いによって、いかに目標とする粒子的な物の見方・考え方に変容させていくかが大事である。

　例えば、状況を少し変えた同じ現象の提示は、同じ論理で説明しようとしていた複数の子どもによる微妙なとらえ方の違いを明らかにしたり、妥当な論理への変容の契機としたりするための有効な手段となる。

　本実践では、試験管を下向きにして温める教材を提示した。ペットボトルを切って上下逆さにした飲み口の穴に、同じの太さの試験管を通したものである。ビニールテープで隙間をなくし、ペットボトルの切り口にお湯を入れても漏れないようにした（図）。

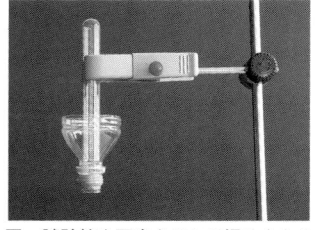

図　試験管を下向きにして温めたら？

指導計画とアクティブ・ラーニングの位置

●第1次でアクティブ・ラーニングを導入する意図

子どもは同じ実験結果を得ても、いろいろなとらえ方をする。そこで、第1次では、実験結果が体積の変化に起因しているととらえる論理の方向に変容させる契機としたい。第1次におけるアクティブ・ラーニングの意図を整理すると、次のようになる。

①イメージ図を用いて、実験結果をとらえる個々の論理を明らかにする。
②個々の論理の相違をメタファーで整理し、自分とは異なる論理に気付かせる。
③状況を少し変えた同じ現象を取り入れ、妥当な論理への変容を図る。

●第4次でアクティブ・ラーニングを導入する意図

第4次を第3次終了後の約3か月後に設定し、同じ現象のとらえ方を説明させた。時間の経過や、他の単元で身に付けた見方・考え方が、本単元で構築した論理にどのようにかかわり合っているか見取り、本単元で身に付けたい資質・能力の確かな定着を図るためである。

●「粒子のもつエネルギー」領域の系統性

小4（A区分）	中1（第1分野）	中2（第1分野）
金属、水、空気と温度 ・温度と体積の変化 ・温まり方の違い ・水の三態変化	状態変化 ・状態変化と熱 ・物質の融点と沸点	化学変化 ・化合 ・酸化と還元 ・化学変化と熱

●指導計画（13時間扱い）

第1次（6時間）　空気の体積と温度の関係を調べよう
第1時　石けん水の膜をした試験管を湯の中に入れたときの変化を調べる。
第2・3時　試験管を湯の中に入れたとき、石けん水の膜がふくらんだ理由を考える。◀AL

第4・5時　試験管を下向きにして温めたら、石けん水の膜はふくらむか、調べる。◀AL
第6時　栓をした容器の中の空気や注射器の中の空気の温度を上げたり下げたりして調べる。

第2次（3時間）　水の体積と温度の関係を調べよう
第7〜9時　水も温度によって体積が変化するかを調べる。

第3次（2時間）　金属の体積と温度の関係を調べよう
第10・11時　金属も温度によって体積が変化するかを調べる。

第4次（2時間）　空気の体積と温度の関係をまとめよう（＊第3次の約3か月後に実施）
第12・13時　試験管を下向きにして温めたとき、石けん水の膜がふくらんだ理由を考える。◀AL

第2時　ACTIVE LEARNING MODEL

教 教師の働きかけ　子 子どもの活動　C 子どもの発言

展開1　試験管を湯の中に入れたとき、石けん水の膜がふくらんだ理由を考える

> 試験管を湯の中に入れたとき、石けん水の膜がふくらんだのはなぜだろうか。

子 前時の実験結果をイメージ図で表現する。

教 「空気くん」など自由にキャラクターをつくって説明してよいことを助言する。

教 試験管をお湯に浸けるということは、試験管の中の空気の温度を上げたことになる、というとらえ方について、描かせる前におさえておくとよい。

教 イメージ図から次の例のようにメタファーを見取る。

C¹ 「空気くんは、熱いのが苦手で、熱いお湯ドラゴンから逃げた」

C² 「お湯くんが来て、空気はやけどしそうになって怒った。そして、抜け出そうとして、

図1　C¹児のメタファー「上に行った」

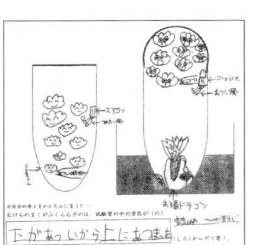

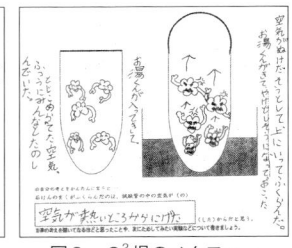

図2　C²児のメタファー

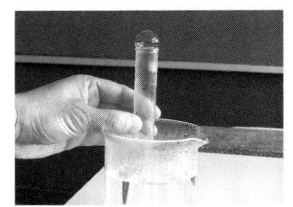

前時の実験の様子

Point　メタファーを使って、子どもの考え方を分類する

個々の子どものメタファーを教師が見取り、次時に備えて、似たメタファーの子どもで3人程度のグループを編成しておく。本実践では、表に示すA〜Iの9つに分類することができた。**図1**と**図2**に示す子どもは、いずれも考えAに分類した。

分類は子どもに任せてもよいし、教師が表のように見取って分類しておいてもよい。分類することで、互いの考えを比べやすくなる。例えば、C¹児は、エアコンのイラストを用いながら、擬人的に「熱いのが嫌い」という特性を空気に付与して理解しようとしており、C²児は、「やけど」「怒った」という言葉を用いながら、擬人的に「熱いところから逃げる」という特性を空気に付与して理解しようとしていることがわかる。

考え	メタファーの説明	人数
A	熱いところから逃げた。	15
B	けむりと同じように上に行った。	2
C	ゆげと同じように上に行った。	2
D	熱が空気を追い出した。	3
E	赤ちゃんを産んで多くなった。	1
F	熱くなった空気が押し上げた。	1
G	体積が大きくなった。	6
H	熱くなった空気がこわくて逃げた。	1
I	軽くなってふわふわと浮いた。	3

表　2/12時におけるメタファーと人数

第3時

ACTIVE LEARNING MODEL

教 教師の働きかけ　子 子どもの活動

展開2 前時に描いたイメージ図を説明し合い、妥当な考え方を選ぶ

> 似た考えのグループの友達と話し合って、自分たちの考えを説明しよう。

- 教 似たメタファーの子どもで3人程度のグループを編成する。
- 子 各グループで互いの考えを伝え合って集約し、イメージ図を使って1枚のホワイトボードに表す。
- 子 自分たちのグループの考えを学級全体に説明する。
- 教 質問や意見を交わしながら、すべてのグループの説明を聞いた後、自分が最も妥当だと感じた考えを比較・検討させる。
- 子 自分が最も妥当だと感じた考えの表の枠に、「自信ある」「まあまあ」「あまり」「自信ない」の4段階の自信度に合わせて、氏名を記入した付箋紙を貼る。
- 教 学級全体の変容状況がつかめるとともに、妥当な論理に変容しようとする必然が生まれる。また、次回は自分の考えがより伝わるようにわかりやすく説明したいという意欲にもつながる。

グループで話し合ってまとめている様子

妥当な考えを自信度で選んでいる様子

Point メタファーを使って、妥当な論理への変容を促す

　似たメタファーの子どもで編成した小グループによる話し合いをすることで、自分の考えを明確化したり、より説得力のある説明ができるようになったりする。また、各グループの考えを聞き、それぞれの考えを比べることで、より妥当な論理への変容を促すことができる。

　本実践では、表のように、各グループからの説明を聞く前は、考えA（熱いところから逃げた）が最も多く、44％（15人）であったが、聞いた後は、考えG（体積が大きくなった）が56％（19人）となった。次いで、考えF（熱くなった空気が押し上げた）が18％（6人）、考えC（ゆげと同じように上に行った）と考えI（軽くなってふわふわと浮いた）が同じく9％（3人）となった。メタファーを用いることで、互いの考えが比べやすくなり、変容するきっかけとなったことがわかる。

考え	説明	自信ある	まあまあ	あまり	自信ない
A(15)	熱いところから逃げた。	0	0	0	0
B(2)	けむりと同じように上に行った。	1	0	0	0
C(2)	ゆげと同じように上に行った。	0	3	0	0
D(3)	熱が空気を追い出した。	1	0	0	0
E(1)	赤ちゃんを産んで多くなった。	0	0	0	0
F(1)	熱くなった空気が押し上げた。	3	3	0	0
G(6)	体積が大きくなった。	9	8	2	0
H(1)	熱くなった空気がこわくて逃げた。	0	0	0	1
I(3)	軽くなってふわふわと浮いた。	3	0	0	0

＊「考え」の欄の（数字）は、前時の人数を示す。
表　3/12時におけるメタファーと人数

金属、水、空気と温度 | 095

第4・5時 ACTIVE LEARNING MODEL

展開3 試験管を下向きにして温めたら、石けん水の膜はふくらむか、調べる

試験管を下向きにして温めたら、石けん水の膜はふくらむかな？

教 P.92の図に示した実験器具を提示し、「試験管の向きを下向きにした場合も石けん水の膜は膨らむかな？」と問いかけて予想させる。（第4時）

子 前時に自分が妥当だと判断した考えに基づいて、実験結果を予想し、その根拠をイメージ図に表す。

教 前時に同じ考えを妥当として選んだ子どもでグループをつくる。

子 各グループで互いの考えを伝え合って集約し、結果の予想をイメージ図を使って1枚のホワイトボードに表す。（第5時）

子 自分たちのグループの考えを学級全体に説明する。

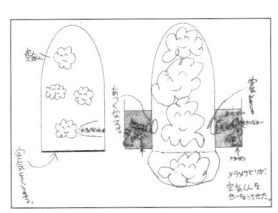

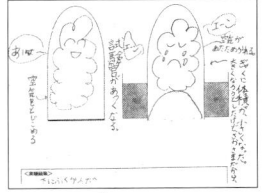

図1　C¹児のメタファー　　図2　C²児のメタファー

子 実験を行い、試験管を下向きにしても石けん水の膜がふくらむことを確認する。

結果の予想をまとめている様子（第5時）

子 実験結果をふまえて、自分が最も妥当だと感じた考えを自信の度合いとともに選ぶ。

Point メタファーを使って、実験結果を予想させる

実験結果と予想が異なったイメージ図を説明したグループに対しては、教師がイメージ図に含まれるメタファーを取り上げ、次の単元「温まり方の違い」の学習に生きてくる考えや、現象を理解しようとする上でのすばらしい視点を評価し、解説を加えるとよい。すると、「予想が外れた」に終始せず、自分の考えを表現することの自信を高め、実験結果に基づいて考えを変容していけばよいという態度につながる。

第5時の終了時には、実験結果に基づいて、予想の段階の自らの考えを振り返り、自分が妥当と感じる考えを自信の度合いとともに再度選ばせる。その結果、表のように第3時は考えG（体積が大きくなった）が56%（19人）であったが、第5時終了時には、考えGが86%（30人）、残りの17%（5人）は考えI（軽くなってふわふわと浮いた）となった。

考え	説明	自信ある	まあまあ	あまり	自信ない
A(15)	熱いところから逃げた。	0→0	0→0	0→0	0→0
B(2)	けむりと同じように上に行った。	1→0	0→0	0→0	0→0
C(2)	ゆげと同じように上に行った。	0→0	3→0	0→0	0→0
D(3)	熱が空気を追い出した。	1→0	0→0	0→0	0→0
E(1)	赤ちゃんを産んで多くなった。	0→0	0→0	0→0	0→0
F(1)	熱くなった空気が押し上げた。	3→0	3→0	0→0	0→0
G(6)	体積が大きくなった。	9→27	8→0	2→0	0→3
H(1)	熱くなった空気がこわくて逃げた。	0→0	0→0	1→0	0→0
I(3)	軽くなってふわふわと浮いた。	3→1	0→0	0→1	0→3

＊表内の数字は、「第3時→第5時」の人数を示す。
表　5／13時におけるメタファーと人数

第12・13時 ACTIVE LEARNING MODEL

教 教師の働きかけ **子** 子どもの活動

展開4 試験管を下向きにして温めたとき、石けん水の膜がふくらんだ理由を考える

> 試験管を下向きにして温めたとき、石けん水のまくがふくらんだのはなぜだろうか。

子 第5時の「試験管を下向きにしても、石けん水の膜は膨らんだ」という実験結果をイメージ図で説明する。(第12時)

教 例えば、図1や図2からは、「体積が大きくなった」という情報を、C^1児は自分なりの「熱キャラクター」の存在に価値付けして思考しており、C^2児は「空気の喜怒哀楽」に価値付けして思考していることがわかる。

教 考えG(体積が大きくなった)が35人中34人であったため、メタファーから価値付けの微妙な違いを見取り、考えGをG1～G7に分類した。

子 各グループで互いの考えを説明し合って1枚のホワイトボードにまとめ、学級全体に説明する。(第13時)

子 自分が最も妥当だと感じた考えを自信の度合いとともに選ぶ。

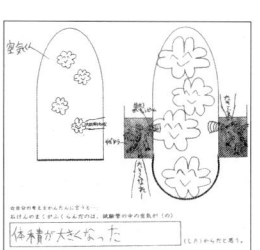

図1 C^1児のメタファー 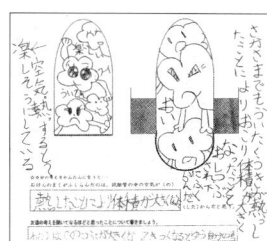　図2 C^2児のメタファー

グループでまとめた考えを説明している様子

Point 実験結果のとらえ方を説明させ、メタファーを使って、妥当な論理への変容を促す

教師がメタファーに着目して子どもの考えを見取ったり、互いに説明し合い、妥当な考えを取り入れたりする契機となるアクティブ・ラーニングを単元の適切なタイミングに取り入れることによって、子どもは自分のメタファーを変容させながら、思考するようになる。

本実践では、表のように、各グループからの説明を聞く前は、考えG(体積が大きくなった)が97%(34人)であったが、聞いた後は、考えGが100%(35人)となった。そして、メタファーに表れる価値付けの変化を分析すると、粒としてのものの見方や考え方の妥当性に価値を見いだす子どもが増加したことがわかる。

考え	説明	自信ある	まあまあ	あまり	自信ない
G1(14)	体積が大きくなった。 *一粒ずつが大きくなる。	2	19	0	0
G2(10)	体積が大きくなった。 *一つのかたまりが大きくなる。	4	0	0	0
G3(2)	体積が大きくなった。 *粒が大きくなってきつくなる。	0	9	0	0
G4(3)	体積が大きくなった。 *粒の数が増える。	0	0	1	0
G5(3)	体積が大きくなった。 *粒は大きくなるが、数は減る。	0	0	0	0
G6(1)	体積が大きくなった。 *熱いところから逃げる。	0	0	0	0
G7(1)	体積が大きくなった。 *ぐるぐる回っている。	0	0	0	0
J(1)	上に逃げ道がなくなって下におした。	0	0	0	0

＊「考え」欄の(数字)は、第12時の人数を示す。
表 13／13時におけるメタファーと人数

第4学年 全9時間

[本単元の目標]金属、人や他の動物の体の動きを観察したり資料を活用したりして、骨や筋肉の動きを調べ、人の体のつくりと運動とのかかわりについての考えをもつことができるようにする。

わたしたちの体と運動

資質・能力

- 人や動物の体のつくりと運動について調べる活動を通して、生命を尊重する態度
- 観察結果や資料、模型を活用して、体を動かす仕組みについて、科学的に推測できる力
- 模型や骨、筋肉、関節の関係に関する知識を活用して、模型として表現できる力

●本単元で大事にしたいこと

　本単元では、自分自身の体や他の動物の体に直接手で触るなどして、人や他の動物の骨や筋肉の動きについて興味・関心をもって問題を追究する能力、さらに生命を尊重する態度を育てることがねらいである。

　そのため、子どもが自分の体を動かしたり、他の動物が運動しているところを観察したりする活動を通して、体を動かす仕組みには、骨と筋肉が関係していることをとらえられるようにする。また、体の各部にある「曲がるところ」を「関節」という名称を使用して考察し、適切に説明できるようにする。

　このとき、人の体の骨や関節、筋肉の動きを、資料を使って調べるだけでなく、自分の腕や足などを触りながら動かして観察したり、他の動物の体のつくりや動き方を触りながら観察したりして、その動き方や体のつくりを人間と動物とを比較したりする。また、メディア教材や模型などを活用しながら、人の体のつくりと運動とを関係付けてとらえることができるようにする。

　本単元では、資料や模型を使った調べ学習だけでなく、ゴムで作成した筋肉の位置を自由に変えることのできる模型を使い、実際に模型を動かしながら筋肉の動きを考える活動を取り入れていきたい。

　また、単元の最後に、習得した知識を活用できる「ものづくり」の場面を設定する。

　模型をつくっていく活動を通して、子どもが工夫を伝え合う姿、学んだ知識を再確認する姿、より本物の腕の動きに近付ける創意工夫をする姿などが表れてくることを期待している。

　これらの姿は、アクティブ・ラーニングに通じる姿である。

指導計画とアクティブ・ラーニングの位置

●「模型」や「ものづくり」を活用したアクティブ・ラーニングの意図

資料を使って調べるだけでは筋肉の付き方や腕が曲がる仕組みを理解することは難しい。そこで、自分たちで筋肉の位置を変えて操作できる模型を使い、子どもたちが調べ学習で学んだ知識を使い、筋肉に見立てたゴムを模型に付けてみる。子どもたちの調べた知識では動かないことも多い。

このように、調べたことと実際の動きにズレが生じる状況ができると、子ども同士の意見交換が活発化し、学習がアクティブになってくる。さらに、ゴムを自由に操作して確かめつつ、資料を見直す活動へとつながっていく。自由に試行錯誤できる模型の活用は、アクティブ・ラーニングには効果的である。

また、単元の終わりに、習得した知識を活用して、人の腕が曲がる仕組みを再現する「ものづくり」を設定する。

子どもは筋肉の付き方と働きを理解していても、いざ模型をつくってみるとなかなか上手に動かない。そこで、もう一度、資料やノートを見直し、筋肉に見立てたビニル袋の位置を調節しはじめる。

また、うまく動かない子どもは、うまく動く模型と自分の模型を比べ、つくり直す姿が見られる。

より本物に近い模型にするために、仲間同士の情報交換が活発に行われるだろう。このような活動が、主体的で対話的なアクティブ・ラーニングの活動になっていく。

●生命、生物の「構造と機能」の系統性

小3（B区分）	小4（A区分）	小6（B区分）	中3（第1分野）	中2（B区分）
昆虫と植物 ・昆虫の成長と体のつくり ・植物の成長と体のつくり	人の体のつくりと運動 ・骨と筋肉 ・骨と筋肉の働き（関節の働き含む）	人の体のつくりと働き ・消化・吸収 ・血液循環 ・主な臓器の存在	酸・アルカリとイオン ・酸・アルカリ ・中和と塩	動物の体のつくりと働き ・生命を維持する働き ・刺激と反応

●指導計画（9時間扱い）

第1次（4時間）　人のほねときん肉
- 第1時　　私たちのうではどのように動いているのだろうか。
- 第2・3時　骨は体のどこにあるのだろうか。
- 第4時　　うではどのような仕組みで曲げたり、のばしたりできるのだろうか。　**AL**

第2次（3時間）　動物のほねときん肉
- 第5・6時　動物の骨と筋肉はどのようなつくりになっているのだろうか。
- 第7時　　コウモリやへびの体のしくみはどのようになっているのだろうか。

第3次（2時間）　人の腕しくみ
- 第8・9時　人の腕の仕組はどのように再現できるだろうか。　**AL**

第4時　ACTIVE LEARNING MODEL

教 教師の働きかけ　**子** 子どもの活動

展開1　調べた知識を活用し、模型を動かす場面

骨の模型のどこにゴムの筋肉をつければ、腕が曲がるのだろうか？

教 腕はどのような仕組みで曲げたり、のばしたりすることができるのかを確かめるように発問する。

子 調べた知識に基づき筋肉の付き方を予想して、ワークシートのモデル図に筋肉を記入する。

子 予想に基づき、腕の模型にゴム（筋肉）を取り付ける。

子 筋肉の付き方を考えながら、腕の模型が筋肉に見立てたゴムを引っ張って動くようにする。

子 ゴムの筋肉を取り付ける位置を自由に変えて模型を動かしてみる。

子 友達と協力しながらいろいろな方法を試す。

子 予想と同じモデル図に結果を記入し、予想と比較してわかったことを記入する。

教 資料などを調べ直すように助言する。

子 今まで調べた資料をもう一度確認する。

子 骨と骨をまたいだ端に筋肉が付いている図が載っている。

子 骨と筋肉は、こうして動くのか。

教 模型を動かして気付いたことを、予想時のワークシートに記入するように指示する。

> 前の骨と後ろの骨が筋肉でつながっているのかな。

> あれ、骨の上と下につけても動かないぞ。

Point　筋肉の位置を自由に変更できる模型を活用して、子どもの考えを外化させる

　まず、子どもの考えをモデル図に表し、情報共有する。腕と骨は描いてあるが、筋肉が描かれていない図を渡す。その図に予想と結果を書くように指示する。

　予想を分類し紹介することで、筋肉の付き方を意識させることができる。次に、模型を使っていろいろな位置に筋肉（ゴム）を付けて動かし予想を試してみる。ここで、多様な考えが出てきてアクティブな活動を促すことができる。

　また、予想と結果を照らし合わせることで、子どもは自分の考えを見直し、より妥当な見方へと修正し、成長を実感できる。

> 2本の骨をまたがるようについていることがわかった。筋肉がちぢむと曲がる。

> 触ってみたらやわらかいところがあったのでそこが筋肉じゃないのかと思った。

> まとめ：うでの筋肉は2本の骨をまたがるようについていて曲げるとちぢむところと伸びるところがある。

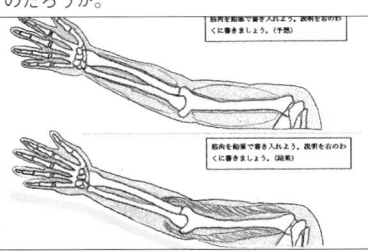

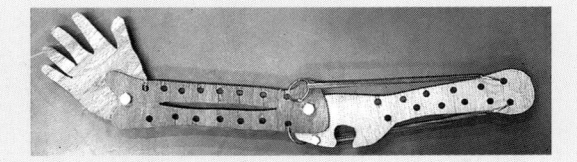

第8・9時　ACTIVE LEARNING MODEL

教　教師の働きかけ　子　子どもの活動

展開2　学んだ知識を使いながら模型づくりを行う場面

自分たちが学んできた腕の骨と筋肉のしくみを使って、腕の模型を作ろう。

- 子　身近な材料を使って骨や関節を再現する。
- 教　人間の体は巧みにつくられているので、完全に再現できないことを伝える。
- 子　関節が曲がるように工夫してスムーズに動くように調整する。
- 子　筋肉が盛り上がって固くなることを再現できる方法を考える。（ビニル袋や風船など）
- 教　作成の途中でも、友達同士で工夫を伝え合いながら作成することを伝える。
- 子　学んだ知識を再確認しながら、腕の模型をつくる。
- 教　うまく動かない子どもには、うまく動いた子どもの作品を参考にしてもよいことを伝えておく。
- 教　材料についても、基本的な材料（例：水切りネットなど）は紹介するが、自分で筋肉の材料を探すように指示する。
- 子　ミカンの入っていたネットは、色も筋肉みたいだ。

筋肉はもう少し関節に近いところにつけよう

Point　本物と同じ動きになる「模型づくり」で、アクティブ・ラーニングを促す

　人の体のつくりと運動の単元では、どうしても資料を調べて学習する場面が多くなる。そこで、腕の筋肉模型をつくる活動を行うことで、習得した知識を立体で表現することになる。この活動によって、リアルな動きが再現でき、より深い理解につながる。また、筋肉模型には素材を変えたり、筋肉の付く位置を調整したりと、自分から工夫をする場面が多く見られる。

　単元の最初に、学習のまとめとして筋肉模型をつくることを伝えれば、単元を通して調べ学習が意欲的・主体的に行われるだろう。つくった模型を紹介し合うことで、自分よりうまく動く子どもから情報を聞いたり、ポイントを伝えたりする姿が見られる。その中で、自分の工夫にあった材料を集めたり、他の子どものよいところを自分から取り入れたりすることで、主体的で対話的な学習が進められる。

〈参考文献〉
文部科学省　小学校理科の観察、実験の手引き　第4学年
B（1）人の体のつくりと運動

第4学年　全8時間

天気の様子

[本単元の目標] 1日の気温の変化や水が蒸発する様子などを観察し、天気や気温の変化、水と水蒸気との関係を調べ、天気の様子や自然界の水の変化についての考えをもつことができるようにする。

資質・能力

- 1日の気温の変化の傾向を日光の当たり方と関係付けて考えることができる。
- 1日の気温の変化を観測していくために、折れ線グラフを意識的に用いることができる。
- 毎日、気温を観測していくなかで、体感値と実測値を近付けていくことができる。

●本単元で大事にしたいこと

本単元では、天気の様子について追究する活動を通して、気象を変化させている要因は太陽の光であるという見方や考え方を育てていくことが大きな柱となる。

一般的には、晴れの日、曇りの日、雨の日の気温の変化を調べて特徴をまとめていく学習が多い。これでは、観測が作業になりがちで義務的な活動に陥り、気温を変化させる要因は何かを追究していく上で、興味・関心が持続しにくい。さらに、「1日の気温の変化」を調べていくことを通して、気温の変化について連続的な見方ができるようにしていきたい。

そのため、子どもが学校にいる時間帯を1日の気温とするのではなく、自記記録計を利用して夜間帯における気温の変化も記録していくことが必要となってくるだろう。

学習指導要領では、地面の暖かさにしても水の自然蒸発にしても霧や雲、大気そして海洋という文言が見られる。これらに共通するものは、太陽のエネルギーを起源としているという事実である。すべての気象現象の源は太陽のエネルギーにあると言ってよい。このことを意識して指導することが系統を意識した指導となると考える。

太陽の光が地面に到達すると、場所によって、太陽の熱による暖められ方に差が生じる。その一方で、地球から宇宙へと放出される熱の量は、緯度による差は少ないという事実がある。このままだと寒い地域はどんどん寒冷化が進んでいってしまう。暑い地域も同様である。

このような極端化を緩和させようと働くのが、大気や海流および水蒸気なのである。内容の系統性を大切にしながら、どのような能力を養いたいのかを吟味して実践していきたい。

指導計画とアクティブ・ラーニングの位置

●アクティブ・ラーニングの前提を築く

●観測への必要感の醸成が目的

気温は常に変化しているにもかかわらず、朝から夕方にかけての時間帯のみの観測で、1日の気温としてしまう場合が少なくない。そこで、夜の時間帯も含めて、なぜそのように変化したかに着目させたい。

そうすることで、太陽が沈んだから気温も下がったという事実を手がかりに、太陽の存在と気温の変化を関係付けて、因果関係をいっそう明確にできるだけでなく、気温を連続量として見ることができると考えた。

このように、子どもが事実を基に分析・発見できる仕掛けをつくり、アクティブ・ラーニングにつながる前提を築くことが必須である。

●アクティブ・ラーニングを導入する意図

●理解深化が目的

1日の気温の変化の傾向をとらえることができたとしよう。しかし、数日間、雨が降り続いたらどうなるだろうか。これまでの観測結果からだと、気温が下がり続けることになる。しかし、当然、そうはならない。その背後に風という現象があるからである。そのため、気温を連続量として見ることができるようにするには、風という現象は欠かせない要素だと考える。

このように、第2次では、子どもが考える必要感のある教材の提示をして、アクティブ・ラーニングを促進させ、いっそうの理解を図りたい。問題が連続して、子どもが段階的に追究できる単元構成こそがアクティブ・ラーニングを実現する前提条件となると考える。

●小・中・高における気象単元の系統性

小3（地球）	小4（地球）	小5（地球）	中2（地球）
太陽と地面の様子 ・日陰の位置と太陽の動き ・地面の暖かさや湿り気の違い	天気の様子 ・天気による1日の気温の変化 ・水の自然蒸発と結露	天気の変化 ・雲と天気の変化 ・天気の変化の予想	気象観測 ・気象観測 天気の変化 ・霧や雲の発生 ・前線の通過と天気の変化 日本の気象 ・日本の天気の特徴 ・大気の動きと海洋の影響

●指導計画（8時間扱い）

第1次（7時間） 1日の気温の変化を調べよう
第1～3時　晴れの日の1日の気温の変化を調べる。
第4・5時　曇りの日の1日の気温の変化を調べる。
第6・7時　雨の日の1日の気温の変化を調べる。

第2次（1時間） 風と気温の変化の関係を調べよう
第8時　風向・風速と気温の変化を調べる。 **AL**

第8時 ACTIVE LEARNING MODEL

> 教 教師の働きかけ　C 子どもの発言

展開1 風は気温の変化に影響を与えるのか

夜なのに、どうして気温が上がり続けているのだろうか。

教 深夜0時に最高気温となるグラフを提示する。

教 これまでに観測してきた結果及びグラフの特徴とどの点において異なっているのか比較させる。

C1「夕方以降は太陽が沈むから気温も下がるかと思っていたけど……」

C2「気温が夜になっても上昇している」

C3「最高気温が真夜中に来ているよ」

C4「夜なのに、どうして気温が最高になっているのだろう」

C5「その原因って何だろう。気になる」

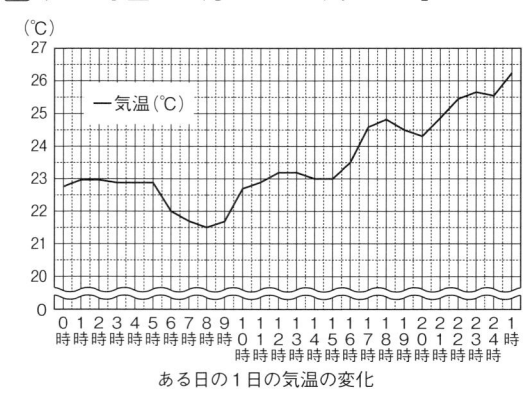

ある日の1日の気温の変化

Point 太陽の存在を意識させる（15時以降の気温の変化を予想させる）

本時では、「気温の変化の仕方には、風がかかわっている」と考えることが大事である。具体的には、南風が吹いて暖かい空気が運ばれてきたから、気温が上がり続けたのではないかと推測できることである。

子どもは、日没後の時間帯は気温が下がるという考えが自然である。その考えを大切にしながら、雨天が数日間続いても、気温が下がり続けない原因に気付くことができる現象を教材化していく。そして今後、風が熱を輸送する働きをすることで、空気を攪拌して気温の差を解消していると考えられる素地を養いたい。そこで、風の影響で気温が変化している顕著な例を教材化して授業構成をした。

本時では風を扱うが、あくまで本単元の本質は、太陽の光がすべての気象現象を引き起こしているということである。そこで、これまでの学習をもとに、15時以降に気温がどうなるかを予想させる。学習内容が定着している子どもは、「気温は次第に下がります。その理由は日没をむかえるからです」などと答えるだろう。

次に、目隠ししておいた15時以降のグラフを提示する。すると「え〜！！」という声が一斉に上がる。ここで、「え〜！！」の中身を表現させると、「太陽が沈んだにもかかわらず、気温が上昇しているのはおかしい」と問題意識が焦点化される。必要感のある問いこそがアクティブ・ラーニングの必須条件である。上述にある「え〜」という声が出てきたら、子どもにとって解決したい問題となった証拠となるだろう。このような授業構成にすることで、「どうにかして解決したい」と主体的に問題解決していく子どもの姿が見られるようになるだろう。

第8時　ACTIVE LEARNING MODEL
教 教師の働きかけ　T C 教師と子どもの発言

展開2　風は気温の変化に影響を与えるのか

一度、気温が下がった原因は何だろうか。

教▶ 天気の様子や風向・風速がわかる情報となる資料（表）を提示する。

C1▶「えッ！確かに、ここはどうして気温が下がっているのだろう」

C2▶「この情報だけでは、何ともわからないね。ほかになにか情報はないですか？」

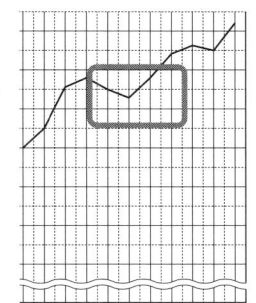

T▶「他の情報ねぇ。これならあるよ？」

T▶「気温が下がった時間帯って…」

C3▶「18時ころからです！」

C4▶「あっ、16時ころから、風向が変わってきている」

C5▶「北風から南よりの風になっているんだ」

教▶ 再び、気温が下降して、再び上昇に転じる部分に着目させる。

C6▶「あっ、しかも上昇しているころは、風速が5から急に9になっているよ！」

C7▶「わかった！」

C8▶「風向だけでなく、風速も気温の変化に大きく影響を与えているってことか！」

時こく	気温(℃)	雨のふった量(mm)	風向	風速(m/s)	太陽の出ていた時間（分）
8時	21.5	0	北東	3	0
9時	21.7	0	北東	3	0
10時	22.7	0	東	2	0
11時	22.9	0	北東	2	0
12時	23.2	0	北東	3	0
13時	23.2	0	北東	1	0
14時	23	0	北東	3	0
15時	23	1	北北東	1	0
16時	23.5	1	南東	4	0
17時	24.6	0	南南東	4	0
18時	24.8	0	南	6	0
19時	24.5	0	南南東	5	0
20時	24.3	0	南南東	4	0
21時	24.8	0	南	5	0
22時	25.4	0	南南西	9	0
23時	25.6	0	南	8	0
24時	25.5	0	南南西	8	0
1時	26.2	0	南南西	9	0

1日の天気の様子

Point　実感を伴った理解は、前時までの観測で決まる（南風は暖かいと体感させておく）

　本時において、最終的に風向と風速が関係しており、「南風が暖かい空気を運んできた」と子どもが問題解決できたとしても、それがデータを読み取っただけではよい授業とは言いにくい。外面的に活動的になっても、子どもの内面で思考が活発になって知的好奇心に満たされた状態にならないとアクティブ・ラーニングとは言えないだろう。そのためにも前時までに南風が暖かいことを体感させておくことが必要となる。

　そこで、右の2つの写真のように、常時教室のすぐ外に風船で風向を調べることができるようにしたり、風向風速計を使えるようにしておいたりする環境づくりをしておくとよいだろう。こうして、授業のなかで「あのとき、確かに暖かったよね」というつぶやきが出れば、その授業はアクティブ・ラーニングとなっていると解釈してよいだろうと思う。

天気の様子　｜　105

第5学年
全13時間

[本単元の目標] 導線に電気を流し、電磁石の強さの変化について追究する活動を通して、電流の働きについての考えをもつことができるようにする。

電流の働き

資質・能力

- 電気と磁気との関係について興味をもって探究することができる。
- 電流や巻き数を変えると、電磁石の磁力も伴って変わるという見方をもつことができる。
- 調べたい条件以外を揃えるという、条件の統制という方法を身に付けることができる。

●本単元で大事にしたいこと

この単元では、電磁石の導線に電流を流し、電磁石の強さの変化について調べる活動を通して、電流の働きについての見方や考え方をもつことができるようにすることがねらいとなっている。しかし、子どもにとって電磁石は、さほど身近なものではない。これまでの学年で電気について学習してきた際に扱った、電球やモーターと比べると、日常生活の中でも電磁石を使っている場面に遭遇することは少ない。

そのため、本単元の導入では、いかに子どもに電磁石の面白さや不思議さ便利さを感じさせ、探究したいという意欲につなげるかが重要である。電磁石を餌の部分として釣り竿を作成し、重くて釣れない魚、電磁石と同極の魚等の仕掛けをつくり、学習の目当てをつくるといった導入や砂鉄を集めるための装置として電磁石を登場させる導入などもたいへん有効である。

この単元で、子どもたちは条件を揃えて比べるという方法を通して、電池の数を増やしたときの磁力の強さの違いを調べたり、巻き数を増やしたときの磁力の強さの違いを調べたりする。

比較する際に揃えなくてはならない条件は何か、実験を計画する際だけでなく、実験中にも電池の数、または電流、巻き数がどうなっているかについて考えられるようにしたい。

電流に変化がなくとも一つ一つのエナメル線がコイルに巻いてあることで磁力が強くなるということを実感し、電気が流れるところには、磁力があるといったことを知り、電気と磁力との関係について考える機会としたい。

また、この仕組みを利用して、4年生で使ったモーター等が作られていることについても発展として、伝えていくのもよい。

指導計画とアクティブ・ラーニングの位置

● 図や絵を使ったアクティブ・ラーニングの意図

　問題解決を行う中で、予想や考察で自分の考えを表現することは不可欠であるが、それぞれの表現は、目的をはっきりもって行われているだろうか。

　予想の場面では、実験で何を検証していくのか、それぞれの表現をもとに実験が計画されたり、視点が明確になったりする。予想で考えを表現する目的は、実験で検証することを明確にするためである。また、考察では、結果と予想とを照らし合わせた子どもたちの表現をもとに結果から考えられることをまとめていく。考察で考えを表現する目的は、集団で結果から考えられることを合意形成していくことである。

　このように、対話的な問題解決の中では、目的をもった表現を行う必要がある。

　本単元では、言葉だけでなく図や絵を用いることで集団での問題解決において子どもの表現が、授業をより深めていく予想となったり、図や絵を用いて深い考察になったりするようにする。教師は、話し合いの視点が明確になるよう、子どもたちの図や絵のなかのどこに着目すると共有点や相違点は見付かるのかを示すようにする。

　また、単元の終末に、さらに強い電磁石をつくるにはどうしたらよいのかという活用場面を設定し、巻き数を増やすためにはどのくらい長さを増やすのが適当かといったことを、電流計や砂鉄を駆使しながら対話で活動させる。これらの活動を通して、アクティブ・ラーニングを促進させていく。

●「エネルギーの変換と保存」の系統性

小3（A区分）	小4（A区分）	小5（A区分）	小6（A区分）
磁石の性質 ・磁石に引き付けられる物 ・異極と同極 **電気の通り道** ・電気を通すつなぎ方 ・電気を通す物	**電気の働き** ・乾電池の数とつなぎ方 ・光電池の働き	**電流の働き** ・鉄心の磁化、極の変化 ・電磁石の強さ	**電気の利用** ・発電・蓄電 ・電気の変換 ・電気による発熱 ・電気の利用

● 指導計画（13時間扱い）

第1次（2時間）　磁石と電磁石で魚釣りをしよう
第1時　磁石と電磁石を餌の部分に取り付けた竿で魚釣りゲームを行い問題を見いだす。
第2時　釣れない魚を釣るためにはどうしたらいいだろうか、学習計画を立てる。

第2次（4時間）　電磁石の働きを調べてみよう
第3・4時　磁石での学習を想起し、電磁石の極の存在を方位磁針を使って調べる。
第5・6時　電流の向きが変化すると電磁石の極も変化するのか検流計、方位磁針を使って調べる。

第3次（5時間）　電磁石の磁力を強くしよう
第7～9時　電流を大きくすると電磁石の磁力が強くなるのかを調べる。
第10・11時　巻き数を増やすと電磁石の磁力が強くなるのかを調べる。　◀ **AL**

第4次（2時間）　強力な電磁石をつくろう
第12・13時　巻き数を増やせば増やすほど強くなるのか、強力電磁石を作成し確かめる。

第10時 ACTIVE LEARNING MODEL

教 教師の働きかけ　子 子どもの活動

展開1 子どもたちが、予想を図や絵で表現する

電磁石の巻き数を約2倍にすると、電磁石の力はどのように変化するのだろうか。予想してみよう。

- 教 実験計画の際に、100回巻から200回巻きに巻き数を増やすだけで、電流の大きさ、電池の数は同じにすることを確認する。
- 子 電磁石の磁力が強くなるのかどうかについて、予想を自分なりに図や絵で表し、説明する。
- 子 予想を図や絵に表し、話し合いで実物投影機を使ってテレビに映し、自分の考えを説明する。
- 教 導線を流れる電流と巻き数、磁力の関係をどのように表現しているのかについて子どもたちの予想を読み取り、採り上げるようにする。
- 教 導線を流れる電流が同じであるのに、強くなるということをどのように説明しているかに着目して子どもの予想を読み取る。

- 教 磁力が何倍になるかといった数値に着目している子どもには発言を促すようにして、実験での視点が数値にも向くように話し合いをコーディネートする。
- 教 図に描かれたそれぞれの予想をもとに、実験での視点を明確にしていく。

巻き数を増やした実験の様子

Point 図や絵から子どもの表現を的確に読み取り、予想の違いを明確にする

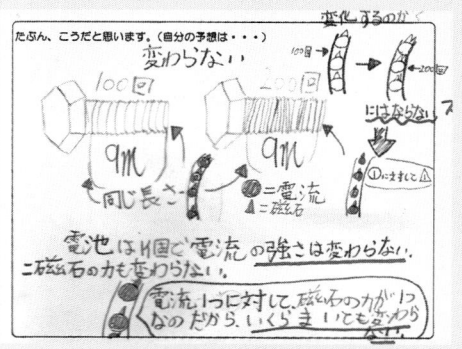

巻き数を増やしても電磁石の磁力は強くならない

巻き数を増やしても強くならないという予想。この予想の根拠は、図のようにエナメル線も同じ長さで、電流が強くならないのだから、磁力も同じになるはずというものがほとんどであった。

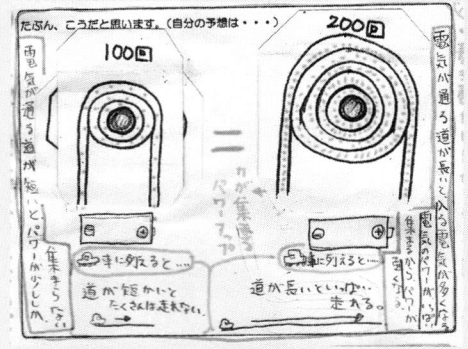

巻き数を増やすと電磁石の磁力は強くなる

巻き数を増やすと磁力は強くなるという予想。しかも、2倍に増やすことで強さも2倍近くになるという考えや2倍以上になるという考えも出された。

第11時　ACTIVE LEARNING MODEL

教 教師の働きかけ　子 子どもの活動

展開2　実験の結果を表を使って整理する

電磁石の巻き数を約2倍にすると、電磁石の力はどのように変化するのだろうか。結果をもとに考察しよう。

子 実験の結果は、表にして整理を行う。

教 電磁石に引き付けられた砂鉄の量だけでなく、電流計で計った電流も記入できるように、表に枠を準備した。

教 電流が変化していないのに、砂鉄の量が変化しているのがわかるように、表の枠を隣り合わせた。

教 シャーレに入れた砂鉄に電磁石をどのように付けるかという方法について、すべてのグループが統一できるように検討させた。

子 結果を整理する段階では、すべての平均をとって比べたい。

子 結果は 100 回巻き 1.6g　200 回巻き 3.6g であった。電流はともに 1.6A であった。
（実験結果の整理）

子 2倍から3倍の量の砂鉄が取れたことから、導線の巻き数だけでなく鉄心から導線までの距離についても関係あるのではないか。巻いている導線の量にも関係がありそうだ。
（考察での子どもの発言）

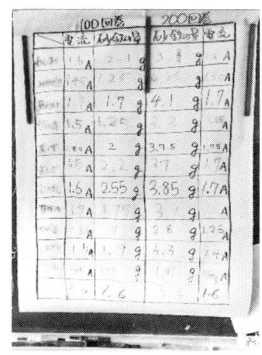

実験の結果を整理した表

Point　数値化した予想を取り上げ、数値に視点を向けながら考察が行えるようにする

　左頁の図のように、コイルを横から見た図を使い、巻かれている導線を道路に喩え表現した子どもは、コイル内の導線に入る電気が多くなるということは、電気のパワーが多くなるので強くなるという予想をした。

　この予想から子どもが、右下の写真のようにナットを並べ、説明をはじめた。これをコイルを横から見た図だとすると、一重巻を二重巻きにするのにナットの数は6個から18個必要になる。だから2倍よりも3倍に近い数になるという考えをクラス全体に伝えた。

　この表現から、変わらないと考えた子どもも、同じ電流だから磁力は変わらないという考え方だけでなく、たくさん巻くことでコイルの周りにある電気の量そのものが変わるかもしれないという考えをもつことができた。考えを伝えるために図を横にしたり、数で説明するためにナットを利用したり、状況に応じた表現を行いながら、子どもはそれぞれの考えを知り、実験での視点を定めることができた。

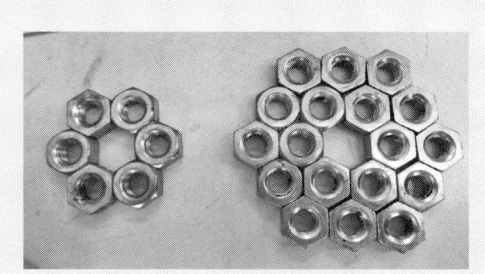

並べたナットの数を根拠に説明

第5学年 全12時間

[本単元の目標] ミョウバンや食塩を水に溶かし、水の温度や量による溶け方の違いを調べ、物の溶け方の規則性についての考え方をもつことができるようにする。

もののとけ方

資質・能力

- 条件を制御して、ものの溶け方の違いを調べることができる。
- ものが溶けて見えなくなっても、水溶液の中に存在しているという見方ができる。
- 既習の知識やデータをもとに適切に判断することができる。

●本単元で大事にしたいこと

●見えない粒子の存在を理解する

この単元では、「粒子」についての基本的な見方や概念を柱とした内容のうち、「粒子の保存性」にかかわる内容を扱う。

そして、物が水に溶ける規則性について条件を制御して調べる能力を育てるとともに、それらについて理解を図り、物の溶け方の規則性についての見方や考え方をもつことができるようにすることが目標となっている。

特に、物が水に溶けて見えなくなっても、水溶液の中に溶かした物が存在しているという保存の概念を、重さを定量的に測定する活動を通して身に付けさせることは重要である。

さらに、水溶液は下の方が濃度が濃いという素朴概念をもっている子どもが多いので、水溶液の均一性についても、実験だけでなくモデル図など図式表現などを活用して理解できるようにすることが大事な活動になる。

●学んだことを使って問題解決

学んだ知識や技能が、きちんと「使える知識や技能」になっているのかどうかを確認するためには、知識や技能を活用して課題を解決する活用場面の設定が必要となる。

本単元では、食塩の溶け方やミョウバンの溶け方の特徴を学んだり、濾過や再結晶の方法なども学ぶが、それらは個別の実験を経て習得される。つまり、授業では1つか2つの知識や技能に絞って扱い、着実な習得をめざす。その結果、それらを総合的に活用させる場面がない。

そこで、習得した知識や技能を総合的に活用させる問題場面を設定し、個々の知識や技能を互いに関係付けて再構成できるようにしたい。さらに、それぞれの規則性を支える「条件」も意識できるようにしたい。

指導計画とアクティブ・ラーニングの位置

● アクティブ・ラーニングを導入する意図

●水溶液の"中から"冷やすとどうなるか？

ここでは、ミョウバンの飽和水溶液を中から冷やし、生じる「水溶液の変化」を観察させる。そして、現象が生じた意味を説明する場を設定する。その際には、5年「溶け方」の知識だけでなく、3年「ものの重さ」、4年「ものの温まり方」などの既習知識も活用させる必要がある。

現象の説明は、学年や単元を越えての知識活用となるので高度な思考活動となる。したがって、個人で解決するよりも、仲間と共に意味を考える活動を行う方が効果的なので、アクティブ・ラーニングに適した場面となり得るだろう。

●混ざった粉から結晶を取り出すには？

ここでは、ミョウバン、食塩、砂の混ざった粉からミョウバンの結晶を取り出すという課題を解決させる。知識と技能が適切に実行できないと、問題の解決には至らない。頭で考えた解法を、実験を通して適切な結果を導き出すことが求められる。方法の妥当性は結果によって評価されるので、厳しい問題解決場面となる。

ここでも、作戦を考え適切に実行するためには、仲間と協力する必要がある。さらに、規則性が成立する「条件」についても考慮した手立てが必要となり、対話的な活動が求められる。

● 粒子の見方：「水溶液」単元の系統性

小5（A区分）	小6（A区分）	中1（第1分野）	中3（第1分野）
ものの溶け方 ・物が水に溶ける量の限度 ・物が水に溶ける量の変化 ・重さの保存	水溶液の性質 ・酸性、アルカリ性、中性 ・気体が溶けている水溶液 ・金属を変化させる水溶液	水溶液 ・物質の溶解 ・溶解度と再結晶	酸・アルカリとイオン ・酸・アルカリ ・中和と塩

● 指導計画（12時間扱い）

第1次（5時間） 食塩の溶け方
- 第1時　水の入った長いパイプに食塩を落下させ溶ける様子を観察する。
- 第2時　ガーゼで包んだ食塩の溶ける様子を調べる。
- 第3時　食塩が水に溶ける量を調べる（水の量・水温）。
- 第4時　食塩を水に溶かす前と溶かした後の重さを比べる。
- 第5時　水溶液から食塩を取り出す（蒸発）。

第2次（5時間） ミョウバンの溶け方
- 第6時　ミョウバンを水に入れて溶ける様子を観察する。
　　　　　ミョウバンが水に溶ける量を調べる。
- 第7時　水温を変えて溶ける量を調べる。
- 第8時　水溶液を濾過する。
- 第9時　水溶液を冷やしてミョウバンを取り出す。
- 第10時　飽和水溶液を液の中から冷やしたらどうなるか（活用課題） **AL**

第3次（2時間） 活用問題
- 第11時　食塩・ミョウバン・砂が混ざった粉から、ミョウバンの結晶を取り出そう。（活用課題） **AL**
- 第12時　リベンジタイム（教訓を生かした問題解決） **AL**

第10時　ACTIVE LEARNING MODEL

教 教師の働きかけ　**子** 子どもの活動　**C** 子どもの発言

展開1　水溶液の「中から」冷やしたらどこから結晶が出てくるか？

限界まで溶かしたミョウバン水を、冷凍ボールを使って液の中から冷やしたら、どこから結晶がでてくるのだろうか？

教「限界まで溶かしたミョウバン水を、液の中から冷やすと、どこから結晶が出てくるだろうか」と発問する。

子 結晶が析出する場所を予想し、その理由をワークシートに書く。

C1「冷凍ボールの近くから出るだろう」

C2「水面から出るだろう」

教 60℃の水にミョウバンを溶かし、冷凍ボールを入れて観察するように指示する。

子 飽和ミョウバン水に冷凍ボールを入れて、水溶液の変化を観察する。

C3「ボールの下からモヤモヤが見える」

C4「ボールの周辺に結晶が出てきた」

C5「ビーカーの底にミョウバンの結晶が溜まる」

C6「ビーカーの底から上向きのモヤモヤが出た」

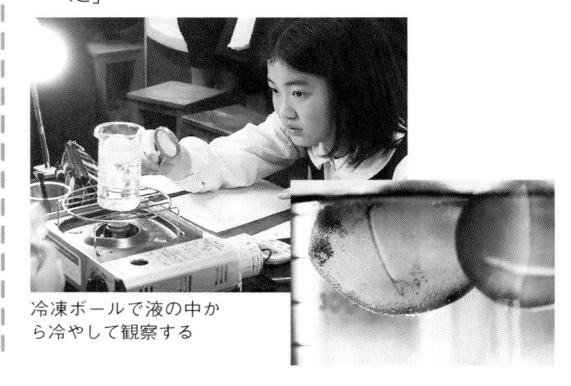

冷凍ボールで液の中から冷やして観察する

Point　未知の状況を、これまでの学習をもとにどこまで予測できるのか

まず、予想段階で、どのような変化が起きるのかワークシートに自分の考えを記述させる。これは自身の理解についての「自己説明」となる。さらに、その予想への自信度も記入させた。これは、子どもの本音を顕在化させる働きがある。

次に、飽和ミョウバン水に冷凍ボールを入れて変化を観察させ、その様子を記録させた。

最初は、冷凍ボールが周囲の液を冷やすので、ボールの周りには下向きの水流が発生する。その後、ボール周辺にミョウバンが析出しはじめる。析出した結晶は、雪が降るように降下していく。さらに観察を続けると、ビーカーの底にたくさんの結晶が析出し、"上昇するモヤモヤ"も見える。

このように、冷凍ボールの周辺では、いろいろな変化や動きが観察できる。この結果を見て、現象が生じる理由を仲間と話し合いながら記述を加筆させるようにする。

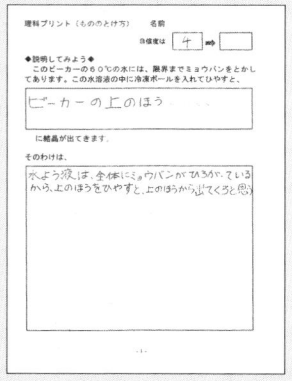

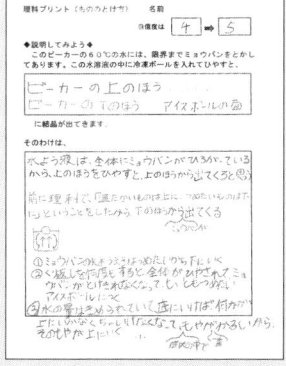

予想時のA児の記述　　仲間と話し合い加筆した記述

112 | 第2章　実践編

第10時　ACTIVE LEARNING MODEL　　教 教師の働きかけ　T C 教師と子どもの発言

展開2 水溶液の3つの変化の意味を考える

3つの変化が確認できました。それぞれの変化は、なぜ発生したのだろうか？　その理由を説明しなさい。

教 3つの変化が図解されたワークシートを配布し、グループで現象の意味をまとめさせる。
C1「モデルや図を使った表現をしよう」
C2「変化の理由もきちんと説明しよう」
C3「最初の対流は温度で説明できるよ」
C4「結晶が出てくることも、モデルを使って説明できそうだ」
C5「上向きのモヤモヤの理由は、難しいな」
教 他のグループの考えも積極的に交流して取り入れるように助言する。
T「水溶液の3つの変化についての説明が完成したら、他のグループと交流してみよう」
C6「冷凍ボールの周りの液が冷やされて、溶けきれなくなった結晶がボールの周りに出てくる」
C7「冷凍ボールによって冷やされた水溶液は底に溜まるので、液の温度が下がり底からも結晶が出る」
C8「モヤモヤが上昇するのは、軽くなっていると考えると、何とか説明できそうだ」

友達と対話しながら意味を考える

Point 「上向きのモヤモヤ」の意味を、仲間と考える

　最初は、冷凍ボールが周囲の液を冷やすので、ボール周辺に下向きの水流が発生する。これは、4年「水の温まり方」で学んだ対流の知識で説明できる。つまり、温度変化による動きである。その後、ボール周辺にミョウバンが析出しはじめる。結晶は雪が降るように降下していく。これは、結晶の重さによる落下である。さらに観察を続けると、底から"上昇するモヤモヤ"が見える。これは、液体の濃度と重さの変化が原因である。冷凍ボールが冷やした液は底にたまり温度が下がると、溶けきれない結晶が析出。結晶が析出すると、液が薄くなる。薄くなった液は周囲の濃い液よりも軽くなり上昇するのだ。冷凍ボールやその周辺で、いろいろな変化や動きが観察できる。

　3つの変化の理由を、モデルやたとえを活用してわかりやすく論理的に妥当な説明を、グループ内で話し合いながら考えていく。この意味づくりの活動が、深い理解につながっていく。

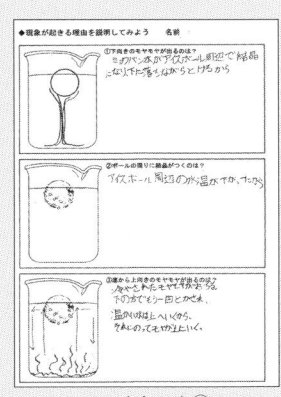

ワークシート① 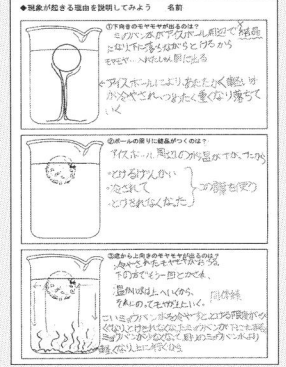　　ワークシート②

もののとけ方 | 113

第11時 ACTIVE LEARNING MODEL

教 教師の働きかけ　子 子どもの活動　C 子どもの発言

展開3　混ざった粉からミョウバンを取り出す

3つの粉が混ざったものからミョウバンの結晶だけを取り出すためには、どのような作戦を立てたらよいだろうか？

教 課題を提示し、作戦を考えさせる。

> ここに、食塩、砂、ミョウバンの3種類の粉が混ざったものがあります。この粉から、「ミョウバン」だけを取り出してください。あなたなら、どのような手順で取り出しますか？
> ただし、ミョウバンの量は問いません。

教 食塩、ミョウバン、砂を混ぜた粉を、プラコップに半分程度を配布し、取り出し方をグループで相談させワークシートに記入させる。

C1「粉を水に溶かして濾過すればいいよ」
C2「冷やせばミョウバンの結晶が出るだろう」
C3「蒸発させると食塩の出てきてしまう」
子 ワークシートの手順に従って実験をする。
C4「冷やしても結晶が出てこない」
C5「思ったようにうまくいかないな」

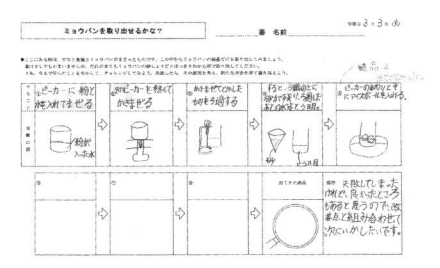

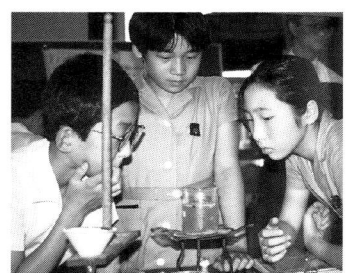

失敗に終わった作戦例（A児）

この方法で成功するかな？

Point　結晶を取り出すという課題によって知識と技能のつながりを問う

ここでは、混ざった粉を分別することを求められる。そこで、気付くのが「濾過」だ。濾過すれば砂が取り除ける。だから、粉を水に溶かして濾過をする。ところが、低い水温のまま濾過すれば、砂も取り除けるがミョウバンも濾過されてしまう。砂のほうにばかり意識しすぎると、肝心なミョウバンまでが取り除かれ、その後に水温を上げても効果が半減することに気付かないのだ。濾過という技能は妥当だが、ミョウバンの溶け方まで意識できていない。

また、ミョウバンの結晶を取り出す方法は、「冷却」または「蒸発」が考えられる。どちらの方法でも実現可能なのだが、「ミョウバンの結晶だけ」という条件をクリアしようとすると、蒸発は不適切。液を蒸発させれば食塩の結晶も出てきてしまう。

冷却を選ぶほうがよい。ところが、飽和状態になっていないと、液体を冷やしてミョウバンの結晶は析出しない。技能と知識の結び付きが問われる。

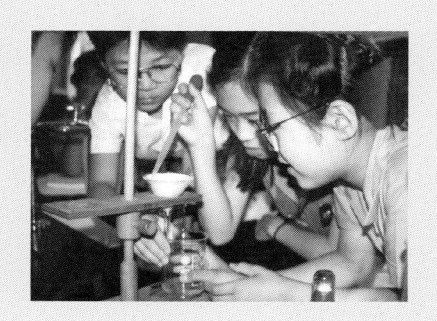

第12時　ACTIVE LEARNING MODEL

教 教師の働きかけ　子 子どもの活動　C 子どもの発言

展開4　作戦を練り直し、条件を意識して再挑戦する（リベンジタイム）

もう一度作戦を見直して、確実にミョウバンの結晶だけを取り出す方法と手順を、みんなと協力して考えよう。

教 前回の失敗の原因を話し合い、確実にミョウバンを取り出すことのできる方法と手順を話し合う
子 失敗した原因を話し合う。
子 気付いていない条件があるかどうかを吟味する。
子 実行する手順を決定する。

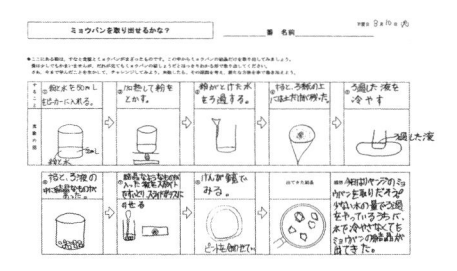

C1「今度は、水の量を少なくしよう」
C2「最初に加熱して、高温の水にミョウバンをたくさん溶かそう」
C3「濾過は、最後の方でも大丈夫だ」
C4「濾過した後に、結晶が出てきた」
C5「顕微鏡で見たら、ミョウバンの結晶だ」
C6「みんなで協力して問題を解決できた」

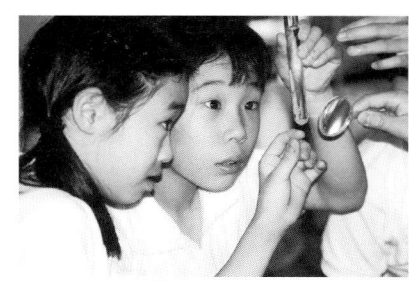

失敗を活用して成功に結び付けた作戦例（A児）

結晶が出てきた

Point　隠れている条件を洗い出し、方法と手順を見直して再挑戦させる

　この課題は、意外と成功しない。最初の課題を知った段階では、見えていない条件があることに気付かないからだ。しかし、一度失敗することで、気付かなかった条件にも気付くし、手順にも重要な意味があることに気が付く。

　最初に粉を水に溶かすとき、ミョウバンが十分に溶けきる状態を考えると、少量のお湯に溶かすことが必要になる。すると、手順も違ってくる。ここには、失敗から学んだ「教訓」が生きてくる。これは、「失敗の活用」だ。一度失敗しても、それを反省し、２度目には成功することによって、知識と技能もつながるし、原理原則に立ち戻って条件等を十分に検討してから実行することの必要性を実感できるだろう。

　理科では、正しい知識や技能が活用されていても、前提となる条件に沿って行わないと問題が解決しないことも珍しくない。実生活における問題場面も、様々な条件が隠れていることが多い。したがって、計画した方法を実際に試してその適否を判断する活動を通して、使える知識や技能に高めることができると考える。

　そこに至るためには、失敗も含めた試行錯誤が不可欠であり、仲間との話し合いや協力も不可欠である。試行錯誤を促す課題は、アクティブ・ラーニングに適している。

もののとけ方　|　115

第5学年 全12時間

振り子の運動

[本単元の目標] おもりを使い、おもりの重さや糸の長さなどを変えて振り子の動く様子を調べ、振り子の運動の規則性についての考えをもつことができるようにする。

資質・能力

・振り子の運動の規則性について条件を制御して調べることができる。
・振り子が1往復する時間は、おもりの重さなどによっては変わらないが、糸の長さによって変わるという見方・考え方ができる。

●本単元で大事にしたいこと

指導に当たって留意することとして、適切な振れ幅で実験を行うこと、振り子の長さは糸をつるした位置からおもりの重心までであること等があげられている。さらに、1往復する時間を変える条件は、子どもが想定するものとして、おもりの重さ、糸の長さ、振れ幅が考えられるとされ、教科書でもこれら3つの条件を制御して実験を順に行う展開がされている。

しかし、子どもは、振り子を見たとき、「はやい」「ゆっくり」「大きいおもり」などの言葉で振り子の動きを表現しようとすることが多く、必ずしも上記3つの条件だけに着目しない。主体的な学習として単元を構成するためには、単元はじめの問題づくりに工夫が必要である。

そこで、本実践では、学習問題づくりの契機となる共通体験とするために、図に示す「ふしぎなふりこ」を一人一人に製作させ、遊ばせることから、単元を導入した。

振り子の周期は振り子の長さによって決まるので、棒に与える振動の周期に共振するおもりだけを振らせることができる。1本の棒に結ばれた振り子なのに、1つの振り子だけが大きく振れて、他のおもりは動かない、というふしぎな現象となる。

一方、重心の概念について、教科書では、振り子の長さをおもりの中心までとしてとらえる必然が保証されないままで図示されていることが多い。そして、重心に触れなくても済むような実験器具で提示されたり、理由の説明がないまま、おもりの増やし方を指示したりしている。これらの点についても留意する必要がある。

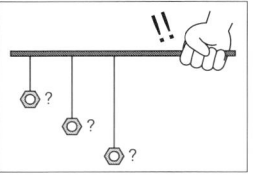

図 1つのおもりだけをふらせられるかな？

指導計画とアクティブ・ラーニングの位置

● アクティブ・ラーニングを導入する意図

●導入場面

第2次では、おもりの重さ、糸の長さ、振れ幅の3つの条件を制御して順に実験を行う。しかし、なぜこの3つの条件に集約されるのか、その必然性を子どもが理解していなければ主体的な問題解決とはならない。

導入場面におけるアクティブ・ラーニングの意図を整理すると、次のようになる。

① 振り子現象の共通体験を説明しようとする子どもの表現から、学習問題につながる言葉が発せられ、話し合いが成立する。また、話し合いを通して、それらの言葉の意味を共有化する。

② 3つに分類することで、それぞれの名称が付けられ、振り子現象を見る視点が深まる。

③ 学習問題につながる3つの条件が子どもの気付きから醸成される。

④ 学習問題がより明確に学級全体に共有され、主体的な学習としての単元構成になる。

本実践では、②③④について、Yチャートの手法を活用した。

●活用場面

① 第2次までの子どもの気付きや疑問を累積し、整理しておくことで、学んだ知識や技能を生かしたい研究テーマを主体的に生み出す。

② 自分で選んだ研究テーマについて、グループで実験したり調べたりすることで、第2次までに学んだ知識や技能を対話的に活用する。

③ 発表会を設定することで、他者の学びも取り入れられるようにし、より深い理解につなげる。

本実践では、①について、熊手チャートの手法を活用した。

●「エネルギーの見方」領域の系統性

小3（A区分）	小5（A区分）	中1（第1分野）	中2（第1分野）	中3（第1分野）
風やゴムの働き 光の性質 磁石の性質	振り子の運動	力と圧力 光と音	電流 電流と磁界	運動の規則性 力学的エネルギー
	小6（A区分） てこの規則性			

● 指導計画（12時間扱い）

第1次（3時間） 振り子の運動について、学習問題をつくり、学習計画を立てよう
- 第1時　「ふしぎなふりこ」で遊んで、気付いたことを書く。
- 第2・3時　「ふしぎなふりこ」遊びでの個々の気付きをまとめ、学習問題をつくる。 **AL**

第2次（4時間） 振り子の運動について、調べる条件を決めて実験しよう
- 第4時　誤差を少なくする工夫を知る。
- 第5〜7時　長さ、ふれ幅、重さを変えたとき、それぞれ1往復する時間は変わるかを調べる。

第3次（5時間） 振り子の運動について、ここまでにわかったことをもとに、テーマ決めて研究しよう **AL**
- 第8時　研究テーマを決める。 **AL**
- 第9時　ふりこ研究発表会に向けたオリエンテーションを行う。 **AL**
- 第10・11時　ふりこの研究をする。 **AL**
- 第12時　ふりこ研究発表会をする。 **AL**

振り子の運動 | 117

第2時 ACTIVE LEARNING MODEL

教 教師の働きかけ　子 子どもの活動

展開1　共通体験での個々の気付きを集約する

「ふしぎなふりこ」遊びで気付いたことをまとめよう。

子 自分の気付きを発表する。

教 学習問題をつくるための「発見したこと」（図1）と第3次の活用場面に生きる「やってみたい・試したいこと」と「どうして？なぜ？」（図3）に分けて模造紙にまとめる。

教 順序や科学的に正しいかどうかにあまりこだわらず、箇条書きで累積するだけでよい。これらの気付きは、学習問題をつくる場面の手がかりとなり、導入場面のアクティブ・ラーニングの原動力になる。

教 図1の段階では、子どもが使う言葉とその意味を尊重し、子どもの言う「振れ幅」は図2に示すように、角度ではなく、振り切ったときのおもりの左右の間隔（距離）のことでもよい。

教 個々の子どもが発する言葉の意味を共通理解できるようにしておくことが大切である。

図1　板書の例「ふりこで遊んで、発見したこと」

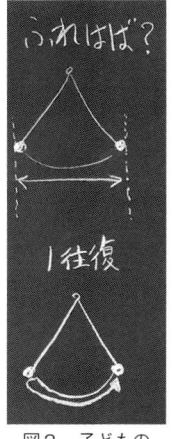

図2　子どもの言葉の意味

Point　アクティブ・ラーニングの原動力をつくる

前時に「ふしぎなふりこ」で十分に遊ばせ、振り子現象について共通体験をさせておくことで、導入場面におけるアクティブ・ラーニングが生きてくる。

学習問題をつくる場面では、第2次からはじまる追究（条件を制御した実験）のスタートを切るために子どもが自分ごととして問題意識をもてるようにするとともに、個々における見方・考え方を学習集団で、同じ土台の上で話し合えるよう、子どもが使う言葉を尊重しつつ、それらの言葉の意味を丁寧に扱って共通理解していくことが大切である。

図3は、第3次の活用場面の研究テーマとなる。累積していく学習記録になるので、模造紙など、記録が残せる媒体を使用するとよい。後述する第3次で熊手チャートの手法を取り入れることを前提に、模造紙2枚分の大きさの紙上に余白を残しながら、左右に分けて記録しておく。

図3　板書「やってみたい・試したい」「どうしてかな？なぜ？」

第3時 ACTIVE LEARNING MODEL

展開2 共通体験での個々の気付きから学習問題をつくる

> ふりこのひみつ（1往復する時間を決めるもの）をさぐる条件を整理しよう。

教「1往復する時間」という言葉の意味を考えさせる。そして、左頁の図1に集約した子どもの表現の中から、「ゆっくり」「はやさ」などの言葉を四角で囲み、「1往復する時間」に置き換える。ただし、「はやさ」は、周期ではなく、速度のことを言っている子どももいるので、留意する。

子 図1の「発見したこと」の中から、「1往復する時間」という意味ではない言葉を抽出する。本実践では「同じ長さ」「短いふりこ」「糸だけ」「小さいナット」など、13個の言葉を抽出した。

子 抽出した言葉をYチャートの手法を取り入れて、3つのまとまりに仲間分けさせる。

教 3つの分類に付ける名称の意味と振り子の現象を見る視点が焦点化され、追究場面での3つの条件が設定される。

教「みんなで使う言葉を整理しよう」と投げかけ、振れ幅のとらえ方を「距離」から「角度」に置き換える。ただし、この段階では、「（糸の）長さ」という表現にとどめ、おもりの重心概念には触れていない。

グループでYチャートにまとめている様子

Point　Yチャートを使って、振り子の運動を追究する視点を焦点化する

「ふしぎなふりこ」遊びの共通体験から気付いたことを子どもが説明しようとする際に表現される言葉の意味を丁寧に扱い、意図的にYチャートの手法を取り入れることで、3つの条件が子ども自ら醸成され、問題解決の過程に主体性を生み出すことができる。3つのエリアへの仲間分けを考えるうちに、子どもはおのずと各分類に見出しを付けたくなり、振り子現象を説明・追究する視点が焦点化されるからである。本実践では、はじめに個々で考えてから、4～5人のグループで話し合う場を設定した。Yチャートを取り入れるタイミングについては、話し合いを通して似た意味の言葉をまとめさせる過程を経て、最後に3つのまとまりに整理させる段階の手法として取り入れてもよい。すべてのグループが完全に同じ分類にすることはまずありえない。他のグループの分類との比較をすることで、違いを見いだし、子どもはその言葉をどこに分類すべきかをアクティブに議論しはじめることだろう。

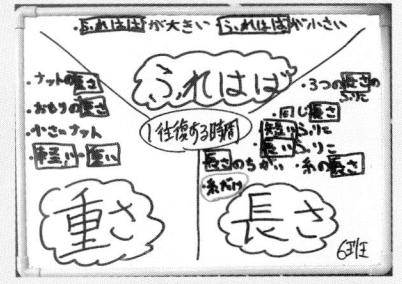

図4　グループでの話し合いのボード

第8時 ACTIVE LEARNING MODEL　　　　　教 教師の働きかけ　子 子どもの活動

展開3 活用場面における課題（研究テーマ）を設定する

取り組みたい研究テーマを決めよう。

子 「ふりこ研究発表会」に向けて、自分が取り組みたい研究テーマを、単元当初から累積しておいた「やってみたい・試したいこと」「どうして？なぜ？」に当てはまる内容の集約と指導者が提示した追加テーマの中（**図5**）から、個々で自由に選ぶ。

教 第3次では、習得した知識や技能、振り子現象にかかわる見方・考え方が、生活や異なる場面で生かすことができるようにする活用場面を設定した。子どもに確実な習得を図るとともに、指導者には習得状況を把握する手立てともなる。

教 図5は、第1次に示した**図3**の段階から第2次を通して累積を重ね、この段階で熊手チャートの手法を取り入れて整理したものである。

子 研究テーマに取り組む2人組を決める。

「ふりこ研究発表会」に向けて研究している様子

Point 熊手チャートを使って、研究テーマを決める

　1つの研究テーマに取り組む人数が多くなると一人一人の活動量にムラが生じやすくなるし、いくつかのグループが同じ研究テーマに取り組むと、その後の研究発表会で発表内容が重複してしまう。一方、1人だけで研究すると、第2次までに習得した内容との関連付けや研究過程で対話的に学びを深める機会を得にくくなる。そこで、一つの研究テーマにつき、原則2人組で取り組むよう指示し、選ばせた。

　研究テーマは、子どもから出された疑問・関心等だけでなく、興味深いと思われるテーマを、子どもの気付きと関連付けながら指導者から提示したものも加えた。例えば、他教科との関連（「止まっているふりこの糸は平行だろうか？」）や、他領域との関連（重さが1／6になる月面でふりこをふらせたら？）などである。

　第2次までに習得した知識や技能で説明できる活用課題もあれば、指導者からの助言を受けたり資料等から調べたりすることで解決可能となる研究テーマも含めた。第2次までに習得した内容だけで解決できない課題を提示する場合は、指導者の助言や資料の準備等が必要になる。

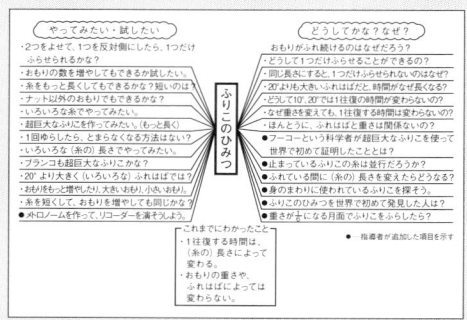

図5　ふりこ研究発表会に向けた研究テーマを選ぶ模造紙

第9〜12時　ACTIVE LEARNING MODEL

展開4 追究の仕方を理解するオリエンテーションと研究発表の例

研究の仕方とまとめ方を知り、選んだテーマの研究をしよう。そして、研究内容をまとめて、ふりこ研究発表会をしよう。

教 ふりこ研究の仕方とまとめ方のオリエンテーションを行う。重心の概念につなげる契機とするとともに、「（糸の）長さ」という言葉を「ふりこの長さ」という言葉に置き換える。

```
テーマ：ふりこ研究発表会に向けた研究の
      仕方とまとめ方を知ろう。
研究テーマ：おもりをたてにつなぐと、1往復する
          時間が変わるのはどうしてか？
予想：おもりをたてにつなぐと、糸の長さを変えた
    のと同じになってしまうのではないか。
実験① おもりをたてに5個つないだふりこと
      往復する時間が等しい糸の長さを調べる。
結果１ 5個つないだおもりの真ん中の長さの時、
      等しくなった。
結果からわかること① たてにつないだおもりのときは、
                  真ん中までが長さになっている
                  のではないか。
実験② おもりをたてに4個つないだふりこと、1
      往復する時間が等しい糸の長さは2つ目
      と3つ目の間になるか調べる。
結果２ ２つ目と３つ目の真ん中までの長さと
      等しくなった。
結論 おもりをたてにつなぐと、糸の長さは、
    おもりの真ん中までになる。
```

図6　研究の仕方とまとめ方

教 本実践では、研究例として、おもりを縦につないだとき、1往復する時間が変わってしまう現象を提示した。重心の概念は、指導内容には入っていないが、第2次までに習得した知識を活用すれば、発展的に扱うことは可能である。（図7）

子 研究の仕方を知り、選んだテーマの研究をして、発表の準備をする。（第9〜11時）

子 図8のような紙面に要点をまとめ、モニター等に大きく映し出して発表する。（第12時）

```
研究テーマ：どうして一つだけふらせる
          ことができるのか？
研究者：
予想１ ふりこをふる速さを変えると他
      のふりこの1往復する時間が合
      わないから。
実験１ ぼうに、ふりこの長さを大・中・小の
      長さ小きざみにふってみたり、大
      きくふってみたりして調べる。
結果１ ふりこは、
      ふりこの長さが
      短いと小きざみ
      にゆらすと短いふりこ
      だけゆれ、長いのは、
      ゆっくり大きくゆらす
      と、1つだけゆらすことができた。
結論
  ふりこは、ふりこの長さが短いと、
  小きざみにふり長いと大きくふることで
  1つだけのふりこをゆらすことができる。
  ふりこの長さに合った1往復の時間があるから。
実験２ 結論を確かめるために、ふりこの長さを
      全部変えて、5つに増やして実験する。
結果２ ふりこの長さを変え、5つに増や
      しても1つだけふらすことができ
      た。
結果から分かること２
  糸を5つにしても、1つだけふら
  せることができた。「実験１」で出
  した結論は正しかった。
```

図7　子どものふりこ研究のまとめの例

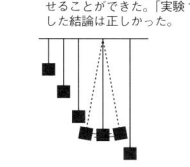

Point　熊手チャートを使って、個々の研究内容を学級全体の成果としてまとめる

　第2次までに子どもから出された疑問等を累積したり、指導者が追加したりした研究テーマから自由に選ばせ、自分ごととして研究させることで、第3次の単元構成に主体性が生まれる。また、研究過程や発表会の設定は、習得した知識や技能を活用したり、他者の学びを自分のものとしたりする対話的な学習になる。

　この単元をひと通り終えて、しばらく経った後、個々の子どもの習得状況をもう一度確かめるとともに、より確かな理解の契機とするため、第3次で子どもに選ばれなかった研究テーマの中から1つを選んで活用課題として提示するのも一案である。例えば、子どもから出された研究テーマ「（ふしぎな3つふりこで）同じ長さにすると1つだけふらすことができないのはなぜ？**（図8）**」について、説明させてみるのである。

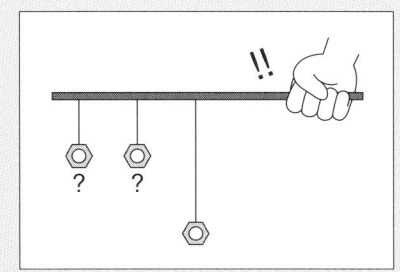

図8　同じ長さだと一つだけふらすことができないのはなぜ？

振り子の運動 | 121

第5学年 全8時間

[本単元の目標] 地面を流れる水や川の様子を観察し、流れる水の速さや量による働きの違いを調べ、流れる水の働きと土地の変化の関係についての考えをもつことができるようにする。

流水の働き

資質・能力

- 予想に対し、既習事項をもとにした根拠を立てて説明することができる。
- 実験結果を確認するだけでなく、結果をもとに新たな課題を立てることができる。
- 学習で理解したことを、相手にわかりやすく伝えることができる。

● 本単元で大事にしたいこと

本単元「流水の働き」では、地面を流れる水や川の働きについて興味・関心をもって追究する活動を通して、流水の働きと土地の変化の関係について条件を制御して調べる能力を育てるとともに、それらについての理解を図り、流水の働きと土地の変化の関係についての見方や考え方をもつことができるようにする。

流れる水は土地を変化（侵食・運搬・堆積）させる。しかし、侵食・運搬・堆積はそれぞれ独立したものではなく、一連の流水の働きで起こる。川がその代表的なものである。しかし、川に接する機会が少ない子どもにとって、川が土地を変化させるという実感はもちにくい。そこで、まず資料・映像と体験活動を関連付けながら学習を進め、流れる水の働きを知る。そして、後半では実際の川の流れる様子を今までの知識をもとに考察させていきたい。

具体的には、増水前後の川の様子について、気付いたことを話し合わせる。デジタル教科書や映像資料などから川が増水すると様々な変化が起こることを確認する。次にモデル実験器を用いて、土砂の変化を観察させる。

観察した結果をノートに記録し、板書していくが、子どもによって板書した内容が食い違うことがある。教師はその食い違った点や、あやふやな点を取り上げ、改めて子どもに発問することで、子どもが「わかったつもり」になっていたことに気付かせたい。

次に、条件を制御した実験を行い、観察の様子及び実験結果をもとに班の中で話し合わせ、発表させる。話し合わせることで、自分とは異なる視点や考え方に気付くとともに、他者にきちんと説明することができてこそ、はじめて「わかった」ことになる。

指導計画とアクティブ・ラーニングの位置

●アクティブ・ラーニングを導入する意図

　流れる水は土地を変化（侵食・運搬・堆積）させる。その代表的なものが川であるが、川に接する機会が少ない子どもにとって、流れる水が土地を変化させる働きがあるというイメージをもつことは難しいのではないだろうか。また、一言に流れる水といっても、子どもの解釈は様々であろう。

　そこで、子どもの流れる水のイメージを共有化し、問題意識を高めるため、本実践では前時のノート記録の振り返りやモデル実験を取り入れたＡＬ型授業を行っていく。

　子どもから多様な予想や意見が出たら、その内容を班で吟味していく。班の内容を吟味するためには、自分の考えだけでなく、相手の考えも理解し、集約していかなくてはならない。そのＡＬ型授業のツールとしてモデル実験を活用する。授業のまとめに子どもがモデル実験器を用いて他の子どもに説明を行う。モデル実験器など具体的なものを用いながら他者に説明を行うことで、子ども自身が本単元を本当に理解しているのか気付くことができる。一方で、相手の反応や理解度に応じてわかりやすく説明を修正していく必要があり、子ども自身のプレゼンテーション能力が高まることも期待できる。

●「流れる水」領域の系統性

小5（B区分）	小6（B区分）	中1（第二分野）	高校（地学）
流水の働き ・流れる水の働き（侵食、運搬、堆積） ・川の上流・下流と川原の石 ・雨の降り方と増水	土地のつくりと変化 ・土地の構成物と地層の広がり ・地層のでき方と化石 ・火山の噴火や地震による土地の変化	火山と地震 ・火山活動と火成岩 ・地震の伝わり方と地球内部の動き 地層の重なりと過去の様子 ・地層の重なりと過去の様子	活動する地球 ・プレートの運動 ・火山活動と地震 移り変わる地球 ・地球の形成と地質構造 ・古生物の変遷と地球環境

●指導計画（8時間扱い）

第1次（1時間）　川の水のはたらきを調べよう
第1時　増水前後の川の様子について、気付いたことを話し合う。

第2次（3時間）　流れる水のはたらきを調べよう　◀ AL
第2時　流れる水には、どのようなはたらきがあるか、水の量が増えると、流れる水のはたらきはどうなるか、調べる方法を考える。
第3時　流れる水のはたらきを調べる。
第4時　流れる水のはたらきを相手に説明する。

第3次（1時間）　上流の石と下流の石の違いを考えよう
第5時　上流の石と下流の石では、どのような違いがあるか、どうしてこのような違いができたのかを考える。

第4次（1時間）　川の水の量と土地のようすを考えよう
第6時　川の水の量が増えるのはどのようなときか、川の水の量が増えると流れる水のはたらきで土地のようすはどうなるかを考える。

第5次（2時間）　洪水に備える工夫を調べよう
第7・8時　洪水に備える工夫としてどのようなものがあるかを調べる。

第2時　ACTIVE LEARNING MODEL

教 教師の働きかけ　子 子どもの活動

展開1　水を流したときの土砂の様子を予想する

> 流水モデル実験器に水を流すと、土砂はどうなるのだろう？
> どうしてそのように考えたのかな？
> 前回学習したノートやビデオをもとに説明しよう。

教 流水モデル実験器を提示する。

教 「流水モデル実験器に水を流すと、土砂は（　　）。」と板書して、子どもの発言が出やすいようにする。

子 流水モデル実験器に水を流して、土砂がどのように変化するのかについて実験することを知る。

子 流水モデル実験器の準備を行う（実物を提示し、実験の具体的なイメージをもたせる）。

子 班ごとに結果を予想する（前時に使用したノート・映像資料等を活用）。

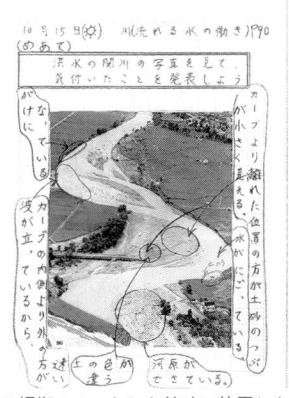

予想の根拠の1つとした前時に使用したノート

Point　ノートやVTRを用いた話し合いによって、流れる水のはたらきを予想する

　子どもは前時の学習で、教科書やVTRを使用した増水前後の川の様子を見たり、流水モデル実験器の簡単な仕組みなどを学んできたりしている。はじめに流水モデル実験装置を提示し、「流水モデル実験器に水を流すと、土砂は（　　）。」と板書し、（　　）に入る言葉を班ごとに予想させた。

　すると、A班は、前時に使用したノートや台風時のビデオ映像をもとに「砂も石も一緒に流されるのではないか」と予想し、B班は「水が泥水になると思う」、C班「削られてしまう」、D班「砂の粒は残るのでは？」といった予想が話し合いの中で出てきた。予想の根拠として、ノート・教科書・ビデオ映像以外にも、雨の日の校庭の様子を見た経験やキャンプ等で川遊びにいった体験をもとにして説明する子どももいた。

　ここでは、既習事項の振り返りや過去の経験をもとに予想を話し合わせることで、子どもに根拠に基づいた多様な予想を引き出させ、問題意識を高めさせていくことがねらいである。

教師は班で話し合った予想を板書していき、情報を共有化していく

| 第3時 | ACTIVE LEARNING MODEL | 教 教師の働きかけ　子 子どもの活動 |

展開2　流水実験を行い、結果を記録する

> 水を流した結果を班で相談してから板書しよう。
> 班で新たに気が付いた結果も書けるといいですね。

- 教 流水モデル実験器を提示し、実験の方法や留意点を説明する。
- 教 机間指導しながら、疑問や気付きなどを把握する。
- 教 板書した結果を確認し、班によって結果が異なるものや、不十分なものを取り上げ、次の課題にする。
- 子 モデルに水を流して、地面が変化する様子を観察及び記録する。
- 子 流す水の量を変えて、地面が変化する様子を観察及び記録する。
- 子 水を流したときの結果をノートや黒板に記録する。

流水実験で様々な情報を収集していく

Point　流水実験を行い、結果を記録する

　それぞれの班の予想が出て、「予想通りか試してみたい！」という気持ちが高まったところで流水実験を行う。ここでの実験の目的は大きく2つある。1つ目は、予想した数と結果の数の違いに気付き、意欲を高めるためである。実際に実験を行ってみると、子どもたちは班で考えた予想以上に様々な現象が見られることに驚き、さらに実験を重ねていく姿が見られた。2つ目は他の班との比較・情報収集のためである。班での実験結果を黒板に板書することで、実験結果を他の班と比較・検討し、自分たちが気付かなかった見方に気付いてほしいと考えたからである。

　板書させる前に、班の中で精査させるため、「実験結果は、何回か繰り返しても同じ結果となるものを書きましょう」と指導した。

　教師は机間指導をしながら班ごとの実験結果を把握し、結果について不安がある班には、必要に応じて他の班の様子を見に行って、情報を集めてもよいことを伝えた。他の班の情報も判断材料の1つにさせたいためである。

グループで話し合った実験結果を板書する

流水の働き | 125

第4時前半　ACTIVE LEARNING MODEL

教 教師の働きかけ　子 子どもの活動

展開3　実験結果を吟味し、不確かなものは再実験を行う

取り組みたい研究テーマを決めましょう。

- 教 子どもが板書した結果を確認する。
- 教 班で結果が異なったものや、不確かなものを取り上げる。
- 教 実験方法を考えさせる。
- 教 流れる水のはたらきには、侵食、運搬、堆積作用があることをまとめる。
- 子 班ごとに板書した実験結果の発表を聞き、自分の班の結果と比較する。
- 子 予想が正しいとすると、「○○になるはずだ」といった実験結果の見通しも併せて考える。
- 子 異なる実験結果を吟味し、再実験を行う。
- 子 結果を確認する。
- 子 実験結果からわかったことをみんなで話し合う。
- 子 流水の働きには、侵食・運搬・堆積といった作用があることを知る。

実験結果が異なったり、あやふやだったものを新たな課題としていく

Point　板書内容の吟味を行い、新たな課題を見いだす

　子どもの板書に、「カーブの外側がよく削られた」「同じように削られた」という異なった結果が書かれていた。そこで、「どちらが正しいのか？」と発問することでＡＬを促す。カーブに焦点を当てた再実験の結果、カーブの外側がよく削られることを確認するとともに原因についても考えさせた。

　また、流れる水が土砂を浸食・運搬することに気付いた班は多かったが、堆積させることまで気付く班は少なかった。そこで、「流された土砂はどうなったのだろう」と発問し、班ごとに結果を予想させ、実験を行った。

　その中で「実験器の下に水が集まり、そこに砂が溜まっていく」と予想したＡ班は、実験後、自分たちの予想が正しかったことを確認し、さらに「流水実験器の下流の部分は海で、そこに砂が多いのは流された土砂が堆積したからではないか」と発表し、モデル実験と実際の川の様子とを関連付けて予想する姿が見られた。

再実験して土砂の行方を確かめる

第4時後半 ACTIVE LEARNING MODEL

教 教師の働きかけ **子** 子どもの活動

展開4 流れる水の様子を友達に伝える

> 流れる水のはたらきを、流水実験器を使って友達に説明しよう。どのような順番で説明するとわかりやすく友達に伝えることができるかな？

教 流水実験器に水を流した一連の様子を友達に伝える活動を行うことを伝える。

教 特別な配慮を要する子どものために、どのような手順で、どのような言葉を入れたらよいか子どもとともに確認する。

教 友達の説明が終わったら、拍手をして共感し、その感想を書くことを伝える。

教 石の粒の大きさに着目した子どもの記録を取り上げ、次々の上流・下流の石の学習につなげる。

子 流れる水のはたらきの説明方法を考える。

子 発表練習を行う（子どもの実態によっては発表の仕方のマニュアルを示す）。

子 発表を行う。

子 相互評価（拍手・感想記録等）を行う。

友達に流水のはたらきを説明する

Point 相手に説明することで流れる水のはたらきを深く理解する

　流水実験のまとめとして、流れる水のはたらきを相手に伝える説明活動を行った。理由は、既習事項を活用してこそ、はじめて理解したともいえるからである。

　ＡＬのツールは今回使用した流水実験器である。授業では、今まで使用した流水実験器を用いて一連の流れる水のはたらきを相手に説明する活動を行うことを伝えた。ただ、一方的に「発表しよう」ではどのように説明してよいかわからない班もあるので、相手にわかりやすく伝えるための発表の仕方を考えさせた。具体的には必ず入れるべきキーワードを考えさせたり、接続語（はじめに〜、次に〜）などを入れたりして伝えるとわかりやすく相手に伝えることができることを確認した。

　子どものノートには、Ａ男「相手にわかりやすく説明するために、自分自身もしっかりと理解する必要があることがわかった」、Ｂ男「実験装置を使って説明してもらったので、ただ口だけで説明してもらうよりもわかりやすかった」、Ｃ子「実験結果を見ながら意見を言い合ったことで、自分がどこに着目しているか説明しやすかった」などの感想が書かれていた。

　以上のことから流水実験器をツールとしたＡＬ型授業を行うことで、流れる水のはたらきに対する子どもの意欲や関心が高まるだけでなく、子ども一人一人の流れる水のはたらきについての理解を一層深めることができると考える。

流水の働き

第6学年 全13時間

[本単元の目標] いろいろな水溶液を使い、その性質や金属を変化させる様子を調べ、水溶液の性質や働きについての考えをもつことができるようにする。

水溶液の性質

資質・能力

- 物が質的な変化をすると、別の物になるという見方や考え方ができる。
- 目に見えない世界をデータや図などを活用して科学的にイメージできる。
- 既習の知識やデータをもとに適切に判断することができる。

● 本単元で大事にしたいこと

　この単元では、水溶液の性質を追究する活動を通して、物質の質的変化についての見方や考え方を育てていくことが大きな柱になる。しかし、物質の「質的変化」というものは、目には見えない世界を想像しイメージすることになるので、なかなか難しい。また、子どもの既習経験や生活経験にはほとんどない「気体が水に溶ける」ことも扱う。このような変化については、子どもは実感をもって納得することは難しい。

　したがって、この単元では見えない世界をどのようにイメージし、目の前に起きる現象と結び付けることができるかということが、納得への大きなポイントになろう。

　例えば、二酸化炭素が水に溶けるという現象を、目に見える色の変化として示したり、イメージ図を使って表現するようにしたりすることによって、子どもが水溶液の質的変化をイメージしやすいように支援する。そして、新たな見方で再び二酸化炭素が水に溶ける現象を解釈する場を設定し、結果とその意味をつなげていく。

　さらに、習得した知識や技能の活用場面を設定し、理解深化を促す。例えば、「水溶液」単元の最後に、学習内容や発達を考慮した上で、「未知の液体名を同定する」という状況設定をし、知識と技能を活用させ問題解決させる場面を小・中・高の理科授業においても設定する。そして、活動後に、「解決のプロセスをノートに記述し説明する」（小）、「課題解決してその結果をレポートにまとめる」（中・高）等の言語活動も組み込む。この活動を小・中・高とくり返すことによって、知識や技能を活用させるだけでなく、知識や技能が「使える」「わかる」というアクティブ・ラーニングが目的とする「理解の深化」が期待できるだろう。

指導計画とアクティブ・ラーニングの位置

●「活用場面」でアクティブ・ラーニングを導入する意図

活用場面では、学習場面よりは複雑な状況で知識や技能を活用させるので、学習場面とは異なった状況での問題解決となる。状況が変われば抽出する条件も異なるし、解決方法も多くの中から選択しなくてはいけない。妥当な判断が求められる。したがって、学習によって得た「結果」だけではなく、学習の過程で使った「方法」やその「意味」まで問われる。つまり、習得した知識や技能が適切に使えるかが試されるのである。このことが「よりよくわかる」につながる。

ところが、活用課題において、個人個人がバラバラに取り組んでいると、学習の習得状況の差によって解決の結果に違いが出てしまう。さらに、解決できなかった子どもは、その原因を振りかえって教訓とすることも困難なこともある。

そこで、仲間と対話して課題解決に当たるアクティブ・ラーニングの手法を取り入れて、互いに考えを出しつつ仕事を分担して、仲間と協力して課題解決する場面を設定することで、仲間と相互的に刺激を受けながら習得した知識の意味理解を深めるだけでなく、互いの実験結果を信頼し、総合的な判断を下すことを体験することを通して、適切な仲間意識も醸成させることができる。

●「粒子」の見方：水溶液単元の系統性

小5（A区分）	小6（A区分）	中1（第1分野）	中3（第1分野）	高校（化学）
ものの溶け方 ・物が水に溶ける量の限度 ・物が水に溶ける量の変化 ・重さの保存	水溶液の性質 ・酸性、アルカリ性、中性 ・気体が溶けている水溶液 ・金属を変化させる水溶液	水溶液 ・物質の溶解 ・溶解度と再結晶	酸・アルカリとイオン ・酸・アルカリ ・中和と塩	化学反応 ・酸・塩基と中和 ・酸化と還元

●指導計画（13時間扱い）

第1次（2時間）　水溶液を調べてみよう
- 第1時　水溶液に溶けているものを調べる（食塩水・ミョウバン水・炭酸水）。
- 第2時　炭酸水には何が溶けているかを調べる。

第2次（3時間）　気体を水に溶かしてみよう
- 第3時　二酸化炭素を水に溶かす。
- 第4時　水に溶けた二酸化炭素の様子をモデル図で考える。
- 第5時　二酸化炭素を溶かした水の性質を調べる。

第3次（2時間）　水溶液の仲間わけをしよう
- 第6時　リトマス試験紙・ＢＴＢ溶液で水溶液の性質を調べる。
- 第7時　身近な水溶液を酸性・中性・アルカリ性に分ける。

第4次（3時間）　金属を変化させる水溶液を調べよう
- 第8・9時　塩酸・アンモニア水・水酸化ナトリウム水溶液にアルミ・鉄を入れ様子を観察する。
- 第10時　水溶液に溶けた金属を取り出し、性質を調べる。

第5次（3時間）　水溶液当てクイズをしよう　◀AL
- 第11・12時　これまでの学習で扱った水溶液の性質を丁寧に調べる。
- 第13時　水溶液から数種類を選び、水溶液当てクイズをする。

| 第11～12時 | ACTIVE LEARNING MODEL　　　教 教師の働きかけ　子 子どもの活動

展開1　8種類の水溶液の性質を調べる

> 8種類の水溶液から4種類を選んで、相手に当ててもらうゲームをします。学習で得た知識と技能を使い適切に判断できるためには、どのような作戦を立てたらよいだろうか？

教 これまで理科の学習で扱った水溶液（8種類）の中から、4種類を選んで「水溶液当てクイズ」をつくることを知らせる。

教 塩酸・アンモニア水・水酸化ナトリウム水溶液・炭酸水・ミョウバン水・食塩水・過酸化水素水・石灰水の8種類の水溶液を準備する。

子 どの水溶液を選んで出題するかを考えるため、8種類の水溶液を詳しく調べ直す。

子 リトマス試験紙、ＢＴＢ溶液、紫キャベツ液、アルミ・スチールウール、乾かす、二酸化マンガン、石灰石等との反応の様子などについて調べ、変化の様子や結果について記録する。

子 結果だけでなく、どのように変化していくのかというプロセスも丁寧に観察する。

子 実験は役割分担をして計画的に行い、結果は一覧表にまとめる。

子 担当していない実験については、担当者の結果をもとにグループ内で共有する。

水溶液の性質を調べる

Point　実験の結果を「一覧表」にまとめると、違いが明らかになる

●**勝利の鍵は「予備実験」にあり**

　この学習では、既習経験のある8種類の液体（食塩水、ミョウバン水、炭酸水、塩酸、水酸化ナトリウム水溶液、石灰水、アンモニア水、過酸化水素水）を提示。この中から、任意で4種類の液体を選び出し、互いの出題した4つの液体名を当てるというルールを説明した。

　次に、予備実験をする時間を設定した。この学習は、液体の性質をしっかりと理解するとともに、適切な実験技能と実験結果の記録など学習したすべてのことが試される活動である。

　しかし、扱った経験のある液体ではあっても、限定された場面での変化しか体験していない。様々な可能性を考慮しながら絞り込むためには、様々な方法の情報が必要である。そこで、8種類の液体を自由に調べる活動が必要となる。その結果が、右の表である。

　これは、ある子どもが作成した表である。ここに記入された情報が正しくないと、判断を誤ってしまう。だから、この表のもつ意味は大きい。

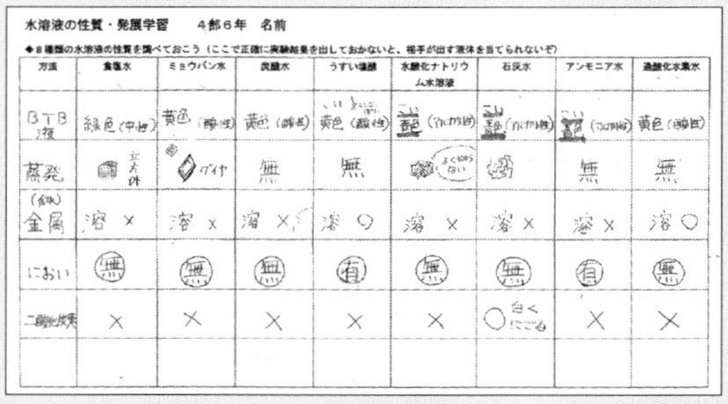

結果を記入した一覧表

第12時　ACTIVE LEARNING MODEL

教 教師の働きかけ　子 子どもの活動

展開2　未知の液体を判別する作戦を考える

相手が出題した水溶液をどのように判断したらよいのかを、相談しておこう。

教 調べた結果をもとに、相手が出題する液体を判別する作戦を考えさせる。さらに、8種類の中から自分たちが出題する4種類の水溶液を選ばせ、報告させる。

子 どの水溶液とどの水溶液が紛らわしいのかを、グループ内で話し合う。

子 出題された水溶液を判定する作戦を練る。

子 実験は回数（3回）と時間（20分）に制限があるので、できるだけ少ない回数でスムーズに実験が行えるように、実行する方法と順番、役割分担もよく話し合う。

子 判別しやすい工夫を考える。手順と判別ポイントを書き加えた判断図などを作成する。

一覧をもとに判定する作戦を話し合う

判定する作戦を表などにまとめる

Point　判断を助ける図（樹形図）を作成する

　あるグループは、予備実験後に、チームで相談し「判断図」を自作した。

　算数で扱う「樹形図」をモデルにして、最初に行う実験結果で、8種類をいくつかのグループに分ける。そして、2つ目の実験で、さらに細かく分類するという具合である。

　この図を作成するに至るまでに、前の時間で扱った予備実験の結果や、これまでの学習内容を総動員して、論理的に結果を導き出す手順を考えることが要求される。まさに、知識・技能の活用場面である。

　このような工夫が、子どもの中から生まれることは、この学習に対する子どもたちの意欲の高さが現れている。

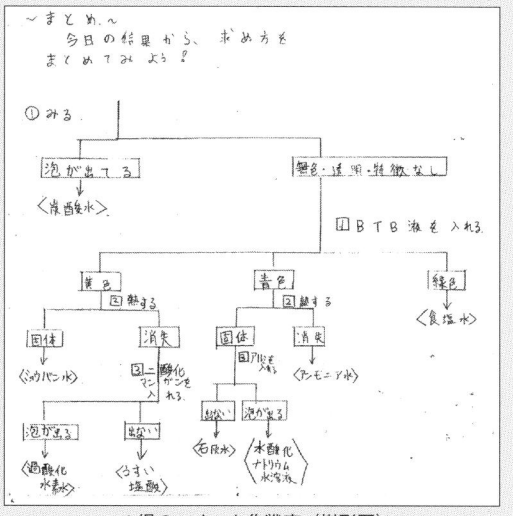

A児のつくった作戦表（樹形図）

水溶液の性質 | 131

第13時　ACTIVE LEARNING MODEL

教 教師の働きかけ　**子** 子どもの活動

展開3　対戦相手の選んだ4種類の「水溶液クイズ」を解く

制限時間内に3回の実験で、対戦相手の水溶液を判断するためには、手順や役割分担など、どのような作戦にしたらよいだろうか。よく相談しなさい。

教 事前に提出された各グループの水溶液（4種）を試験管に入れ、グループ名を付けた試験管立てに入れておく。

教 各グループ内で解決への作戦を確認させる。手順だけでなく、役割分担も重要だと伝える。

教 くじで選んだ対戦相手の4種類の液体と、自分たちが選んだ4種類の液体を配布して、「水溶液当てクイズ」をスタートさせる。

子 実施できる方法は、3回までとするルールに従って、作戦通りに液体を判別する。

子 実験方法を分担して実験する。

子 各実験の結果を表にまとめる（下表）。

子 表にまとめた実験結果から総合的に判断する（樹形図を活用）。

実験結果を仲間と確認する

Point　実験を通して、自分たちの作戦の妥当性が試される

　いよいよ対戦。相手の液体と自分の液体を交換した。制限時間は20分。実験回数はそれぞれの液に対して3回までとした。以下に、A児のノート記述から追求の様子を紹介する。

	A	B	C	D
BTB溶液	黄色（酸性）	黄色（酸性）	オレンジ（酸性）	青（アルカリ性）
蒸発させる	残る（固体）	残らない（気体）	残らない（気体）	残る（固体）

　この結果により、Aは酸性で固体が残るものは、ミョウバン水だと判断した。しかし、確認のため顕微鏡で見てみると、六角形の結晶だったため、確実にミョウバン水だとわかった。

　次に、BとCは、酸性で気体だとすると、炭酸水と塩酸だとわかった。Cはオレンジ色だったのでCのほうが強い酸性なのでCを塩酸と判断した。この結果により、Bは炭酸水とわかったが、念のため石灰水を入れることにした。そして、結果はやはり白く濁ったので、Bは炭酸水だとわかった。

　最後に、Dだが、これはアルカリ性で固体のものは、石灰水と水酸化ナトリウム水溶液に絞られた。そこで、結晶を顕微鏡で見ることにした。その結果、砂みたいな結晶だと僕たちは見て、石灰水と判断した。結論【Aはミョウバン水、Bは炭酸水、Cは塩酸、Dは石灰水】

　答え合わせの結果はどうなるだろうか？

第13時　ACTIVE LEARNING MODEL

教 教師の働きかけ　子 子どもの活動

展開4　答え合わせをする

答え合わせをしよう。正解だったらよかった点を、もし間違えがあったら、その判断ミスの原因を振り返ります。作戦の見直しもしよう。

教 液体名が出そろったら、答え合わせをする。
教 間違った場合は、その原因を振り返らせる。
子 間違えた原因を振り返る。ＢＴＢ溶液の反応が微妙だった。乾かしたときの判断が違っていた。実験器具をよく洗わないで使ってしまったからだろう。
子 実験の後の反省、感想などをノートに記録。

各グループの結果を答え合わせする

よかった！　正解だったね

Point　答え合わせの結果から、自分たちの判断を評価する

　Ａ児のグループが調べた液体の正解は、【Ａはミョウバン水、Ｂは炭酸水、Ｃは塩酸、Ｄは水酸化ナトリウム水溶液】だった。残念ながらＤ液の判断を間違ってしまった。
　グループに戻って、実験結果を見直し、判断を間違えた原因を考えさせた。
　対戦前の予備実験では、水酸化ナトリウム水溶液も石灰水も、白い粉が出たという結果はわかっていたが、その結晶の形状まではよくわかっていなかった。その結果、「白い粉」が溶けていることは判明したが、その液体が石灰水なのか水酸化ナトリウム水溶液なのかは、判断できなかったのである。事前の実験で、もっと精度を高くしておけばよかったと反省した。
　さらに、結論を確認するために、もう１つ実験を行って複数の結果から判断することも大事である。白い粉が出たら石灰水だと安易に結論付けてしまった結果、判断ミスになった。結論は、多様な視点から慎重に判断することを教訓として学ぶことができた。

●リベンジタイムの設定
　全問正解できずに敗れたグループは、再挑戦を強く希望する。そこで、「リベンジタイム」を設定し、同様な方法で「水溶液当てクイズ」を行う。これによって、「失敗」から導き出した教訓を生かし、判断に成功することによって、学習内容が使える知識になっていく。

水溶液の性質　| 133

第6学年 全4時間

[本単元の目標] 植物の葉に養分ができるというはたらきを追究する活動を通して、植物の体内のつくりとはたらきについて推論する能力を育てるとともに、それらについての理解を図るようにする。

植物の成長と日光のかかわり

資質・能力

- 自分なりの根拠をもった予想を立て、根拠を文章で表現することができる。
- 話し合いによって、根拠を中心に意見を出し合うことにより、自分の考えを深めることができる。
- 予想したことを、実験で確かめることができる。

●本単元で大事にしたいこと

　本単元では、種子の中に蓄えられ発芽に使われたでんぷんが、植物の成長のためにどこでつくられているかについて学ぶことになる。

　5年の植物単元において、種子が発芽する条件を子どもが調べる中で、でんぷんがそのための栄養であり、それを使って発芽をしても、でんぷんを使い切った後は、日光を当てないと成長できないことを実験して確かめた。そこで本単元では、その結果を受けて、日光が当たることによって、植物のどこででんぷんがつくられていくかを調べていく。そして次の単元「植物の成長と水のかかわり」では、発芽の必要条件であった水が、成長についてはどのようにかかわっていくかを学習していく。

　このように、植物の発芽から成長に至る複数の単元を1つの大単元としてとらえ、学習の継続性を重視し、1つの大きな問題解決学習としてとらえていくことが大切である。

　本単元では、アクティブ・ラーニングの観点から、実験の前に子どもに自分の考え（「予想」とその「根拠」）を明確にもたせて文章で表現させる。しかし、それでは自分の考えを表現しただけで、十分なアクティブ・ラーニングとは言い難い。そこで、「予想」のどれが正しいかについて話し合わせていくことで、一人一人の考えをさらに深めていく。

　以上のような学習をスパイラル的に行わせていくことにより、表現力だけでなく、理科的な思考力も伸ばしていくことができると考える。さらに、それによって、知識をただ積み上げていくのでなく、既習事項を「わかって使える」ようになるという、アクティブ・ラーニングがめざす「知識の深化」に結び付けていくことができると考える。

指導計画とアクティブ・ラーニングの位置

●「予想する場面」でアクティブ・ラーニングを導入する意図

　本単元では、「予想」とその「根拠」を自分なりに考えて、特にその根拠を文章で表現することを重視する。しかし、それだけではあくまでも自分だけで考え、それを表現するだけで、アクティブ・ラーニングが目指す「深化」は十分になされたとは言えない。

　そこで、学級での話し合いを通して、特に対立する「予想の根拠」を互いに主張させることで、一人一人の考えを深めさせていくようなアクティブ・ラーニングを行わせることにした。そのため、問題解決学習の実験前の過程である第1時において、本活動を導入することとした。

　具体的には、ＡＬツール**「予想記入カード」**に、「予想」とその「根拠」を書かせる。そして、それをもとに話し合い、その過程で、納得した子どもは「予想」を変えていく。そして話し合い終了後、その内容を踏まえて「予想」を改めて考え直し、**「予想記入カード」**の話し合い後の欄に書き込む。

　話し合いは「呼吸」と同じである。友達の意見を聞く（息を吸う）だけでは不十分である。自分の意見を述べる（息を吐く）、特に友達の意見と関係（賛成や反対、質問など）させて述べることによって、より考えを深めさせることができる。これにより、予想は変わらないことはあっても、思考が深まった結果、根拠が変わることも多い。

●「生命の連続性」領域の系統性

小5（B区分）	小6（B区分）	中3（第2分野）
植物の発芽・生長・結実 ・種子の中の養分 ・発芽の条件、等	植物の養分と水の通り道 ・日光とでんぷん ・水の通り道、等	生物の成長と殖え方 ・細胞分裂と生物の成長 ・生物の殖え方、等

●指導計画（4時間扱い）

第1次（1時間）　学習の見通しもとう
第1時　矮性のヒマワリを実験対象として、どの部分（花、茎、葉、根）ででんぷんがつくられるかを予想する。 **AL**

第2次（2時間）　班で実験をして確かめよう
第2・3時　矮性ヒマワリの各部分について、日光を1日当てた後のでんぷんの有無を調べる。

第3次（1時間）　わかったことをまとめよう
第4時　班ごとの結論をホワイトボードで示し合い、葉ででんぷんがつくられていることを確認する。

第1時前半　ACTIVE LEARNING MODEL

教 教師の働きかけ　子 子どもの活動

展開1　ヒマワリのどこででんぷんがつくられるか予想しよう

日光が当たると、ヒマワリのどこででんぷんがつくられるのだろうか。

教 これまでの学習から、植物の発芽や成長にはでんぷんが必要であることを確認する。

教 でんぷんは、植物に日光が当たるとできることを教え、そのでんぷんをつくるのは植物のどの部分であるか、矮性のヒマワリで調べることを伝える。

子 ヒマワリのどの部分ででんぷんがつくられるか、子どもが場所を予想して発言する。

教 子どもの発言を整理して、でんぷんをつくっていると考えられる場所を、「花、茎、葉、根」の4か所に絞る。

教 ＡＬツール**「予想記入カード」**を子どもに配布する。

子 先ほどあげられた4か所の中から、正しいと思うものを一人一人が予想し、その根拠も書く。

子 カードに予想と根拠が書けたら、黒板に示されたヒマワリの絵に自分のカードを貼ることで、自分の予想を全員に示す

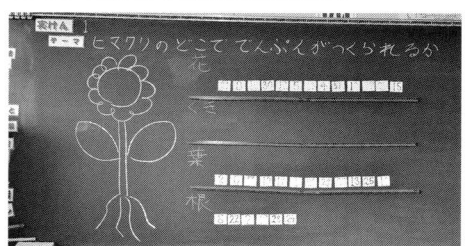

子どもの予想の様子

Point　「根拠」を考えさせることで意見交換を促す

　問題解決学習では、実験方法を考えたり、実験を行ったりする前に、「予想」を立てることが重要である。だが、単に予想させたのでは、「どれにしようかな」という勘に頼るものであったり、「根拠」をよく考えないで予想を決めてしまったりする場合が多い。

　そこで、根拠を考えて文章で表現させるような予想をさせると、なぜそれを選んだかという思考が明確となる。また、この問題解決学習をより「自分ごと」として能動的に考え、取り組むようになる。

　しかし、簡単にそのような「根拠」を書けるようになるわけではない。最初のうちは、友達と相談させたりするのもいい。根拠を考えさせることで仲間との意見交換が促進される。また、根拠を考えるヒントとして、「既習事項」「生活経験」「本やテレビからの知識」を挙げたりするとよい。

　重要なのは、合っていてもいなくても、自分なりに「予想」と「根拠」が書けることである。

予想記入カード

第1時後半　ACTIVE LEARNING MODEL

教 教師の働きかけ　子 子どもの活動

展開2　根拠を中心にして話し合いを行い、一人一人の考えを深める

それでは、どの予想が合っているか、話し合いをはじめよう。

教 黒板を示しながら、予想の傾向(花が一番多く、茎はだれも支持していない等)をまとめる。

教 「予想記入カード」と椅子を持たせて、理科室の前に集まらせて座らせる。

子 自分はなぜその「予想」をしたのか、その「根拠」を中心に話し合いを行う。

教 「ぼくは～君(さん)に賛成です。その理由は～です」などと、自分の立場をはっきり示すことや、その「根拠」を発言するように助言する。

教 言葉の足りない子どもに補助質問をしたり、面白い根拠を書いてあるが挙手していない子どもを指名する。

子 互いに反対意見を言ったり、質問をしたりして、自分たちで話し合いを深めていく。

教 話し合いがひと息ついたころを見計らって、子どもを自分たちのテーブルに戻らせる。

教 話し合いの内容を参考に、「予想記入カード」に話し合いの後の「予想」を書き込ませる。

ものさしを茎に見立てて説明する子ども

Point　話し合いを成り立たせるには、学級経営としての意図的・継続的な取組が必要

　このような話し合いは、すぐにできるようになるものではない。その根底として、学級づくり、すなわち意図的・継続的な学級経営が必要不可欠である。

　どんな内容が発言されても、周囲の子どもは真摯に耳を傾けるという学級の雰囲気を意図的につくっていかなければ、特に学年が上がるほど自分から進んで発言する子どもは少なくなってしまう。そのため、例えば発言することを事前に文章で表現する時間を設けることは、自分の考えを整理し、発言しやすくするための重要な手立てである。

　さらに、アクティブ・ラーニングとして機能する話し合いを行うには、「予想」は間違えていてもいいことや、対立する意見や質問が出なければ話し合いが深まらないということ、途中で予想や根拠を変えてもかまわないことなどを、子どもが共通理解していなければならない。このような、アクティブ・ラーニングとして話し合いができるようにするために、数か月かけて子どもを育てていく必要がある。

　それでも、発言できない子どもは必ずいるものである。しかし、発言しないからと言って、話し合いに参加していないわけではない。アクティブ・ラーニングの視点からすると、様々な友達の意見を聞くだけでも話し合いへ参加しているのである。もちろん、自分の意見を発表したほうが望ましいが、聞いていることによって、予想を変えたり根拠を深めたりするなど、自分の考えを深めることができれば、話し合いを行う目的は一応達成できたことになる。

植物の成長と日光のかかわり

第1時後半 ACTIVE LEARNING MODEL

教 教師の働きかけ **C** 子どもの発言

展開3 中心発問

> どこででんぷんがつくられるか、互いの予想とその根拠を出し合って、考えを深めていこう。

教 子どもが黒板にカードを貼ることで自分の予想を示し、「予想記入カード」を持ってその黒板の前に座らせてから、上記の中心発問を行う。そして、この中心発問に応じて行われた話し合いの一部を以下に示す。

C1「ぼくは、花だと思います。その理由は、花は大きくて日光によく当たるからです」

C2「私はAくんに反対です。花が咲くのは育ってからだから、それまででんぷんができないなんておかしいからです」

C3「ぼくは根だと思います。草むしりをしたとき、おじいちゃんに『また生えてくるから根まで抜くように』と言われたからです。だから、でんぷんは根でつくられていると思います」

C4「C^5くんに質問です。そのままの葉ですか？それともアルミホイルで覆った葉ですか？」

C5「それはちょっとわかりません」

C6「ぼくは、根に移動します。理由は、ぼくもC^3くんと同じように、根から抜くように言われたことがあるからです」

C7「私は葉だと思います。そのわけは、葉は広がっていて日光を受けやすくなっているからです。そしてアルミホイルをしてあれば日光が当たらないので、その葉にはでんぷんはできないと思います」

Point 自由に発言できる学級風土をつくる

深い学びのある話し合いとするためには、自由に発言でき、どんな意見でも笑わずに聞くことのできる学級風土をつくる必要がある。そのポイントを以下に挙げる。

・子ども一人一人の予想が一目でわかるような、本実践のような板書と名札を組み合わせたものなどの手立てを工夫する。
・はじめは自分が書いた根拠を読み上げるような発言でかまわないが、話し合いが進むにつれて、だんだんとシートから離れ、互いに向き合って、直接に反対や賛成などの意見を述べ合うようにさせていく。
・「予想」よりも相手の「根拠」に対して、反対や賛成、質問などの意見を出し合わせる。
・「反対意見」がたくさん出る意見は、それだけ重要な意見であるという発想の転換をさせる。
　また、教師は次のような態度でかかわっていくことも、重要なポイントである。
・教師は指名（少数派の子どもや、挙手していなくても面白い意見を書いた子どもを指名するなどの意図的指名も含む）に徹し、子どもの発言内容が不明確ならわかりやすくまとめる。
・どんな意見が出ても公平・肯定的に扱い、色々な意見を出しやすい雰囲気をつくる。

このような学級風土の下で、子どもが自分たちで取り組むアクティブ・ラーニングとしての話し合いを成立させ、その中で子ども一人一人の考えを深めさせていく。そして、最終的な「予想」や「根拠」に対して、「どれが正しいか確かめる」という態度で実験に取り組ませていく。

第1時後半　ACTIVE LEARNING MODEL

教 教師の働きかけ　T C 教師と子どもの発言

展開4　話し合いの後の、「予想」の変化をまとめる

話し合い後の黒板を見ながら、みんなの予想の変化を友達と対話しながらまとめよう。

T「あれあれ、花を支持する人が13人もいたのに、1人もいなくなってしまったなぁ。どうしてだろう？」
C1「やっぱり、花が咲いているときだけでんぷんができるんじゃ、咲くまで成長できないからじゃないですか」
T「なるほど。それも一理あるね。でも、それが本当かは、なんで確かめる？」
C1「もちろん、実験」
T「そうだね。もしかして、ここででんぷんをつくっているかもしれないからね。そして、葉を支持していた人が、12人から半分に減ってしまったね」
C2「ちゃんと本に載っているのになぁ」
C3「でも、根からまた生えてくるよ」
C2「けど、根じゃ日光は当たらないよ」
T「さてどうなるか。実験が楽しみだね。そして、茎を支持する人が、3倍にもなったなぁ。これはまたどうして？」
C4「だって、同じことしたことあるもん」
C5「経験は説得力あるわよね」
T「そうか。では、その経験があっているか、楽しみだね」
教「予想記入カード」は、子どもの考えを知るためと、思考力や表現力の評価のために回収する。

Point 「予想」は「合っていた・間違っていた」と競わせるものではない

　理科の問題解決学習において、「予想」を立てた後に実験をさせて結果がわかると、多くの子どもが自分の「予想」が「合っていた」か、「間違っていた」かにこだわり、合っていると得意になってしまいがちである。すなわち、予想の結果をめぐって友達と競い合ってしまうのである。
　しかし、本来の「予想」は、そのようなことをねらったものではない。そこで、「予想」やその「根拠」は違っていてもよいもので、それを確かめるのが実験であり、その結果正しいことがわかることが大切なのだということを、子どもに十分に共通理解させておく。つまり、実験前の段階では、自分の考えが正しい必要はなく、むしろ実験した結果、自分の予想が違っていたのがわかるほうが、学びを深めてくれる。だから、悔しがったり残念がったりする必要もない。ましてや、答えが合っていたと無闇に喜ぶのも理科的とは言いがたい。
　理科においては、「予想」とその「根拠」について真剣に考えたうえで、実験によりわかったことを正しいものとして素直に認め、それを長期記憶に留めることが重要なのである。そのためには、予想の段階で「根拠」を明確にして、話し合いなどを通して十分に考えを深めておく。それによって、学習前に見られる「子どもの論理」から、実験によってわかったことにより正しい「科学的な論理」へと子どもの概念変換を引き起こすことが必要なのである。だから、子どもの「予想」の「根拠」を、アクティブ・ラーニングによって深めるのである。
　指導者側も、最初から正しい「予想」を求めるのではない態度で臨んでいくようにしたい。

第6学年 全6時間

[本単元の目標] 月の見え方を太陽との位置関係から推論して追究し、月の形の見え方が規則正しく変化する理由について考えることができるようにする。また、観察や資料に基づいて、月と太陽の表面の違いを理解するとともに、月や太陽に対する豊かな心情を育てる。

月と太陽

資質・能力

- 地球・月・太陽の3つを俯瞰する位置に自分の視点を変換して、前提の動きを考えることができる。
- 手の届かない世界をモデル図などを活用して科学的にイメージできる。
- 観察やモデル実験から月の形の見え方が変化する理由について推論することができる。

● 本単元で大事にしたいこと

本単元では、普段の生活から太陽や月の動きについての関心を高めさせ、見ることのできる時刻や形が変わることを学ぶ。

単元に入る前には、4年生で月を観察した学習記録やノートを活用できるように整理したり、秋分の日、中秋の名月、お月見などの話題を子どもに紹介し意識させると、さらに学習効果が高まる。その中で、月の形が変わって見えることを経験から想起させ、月の形がなぜ変わって見えるのかを考えさせたい。

その際、多様な考えを出させることが大切である。経験から「どんな形の月をいつごろ見たのか」や、「日によって月の形が変わって見えるのはどうしてか」について、子どもの自由な考えや疑問を認めていく。次に、①月の形と見える時刻や方位、②月の形と太陽の位置、③月の表面の様子の3点について疑問点を集約してモデル実験へとつなげたい。

実験では、「月は日によって形が変わって見え、月の輝いている側に太陽があることを月と太陽の位置関係との関連でとらえるようにする」ために、「月に見立てたボールに光を当てるなどのモデル実験」を行う。その際には、実際の太陽と月と地球との位置関係を、大きさや距離などの実際のデータをもとに縮尺に応じて再現し、それぞれのスケール感を視覚的にとらえさせたい。そのことがとらえられれば、「太陽ははるか遠くにあり、月に平行に光が当たっている」ことも納得することができる。

以上を踏まえ、月の位置や形の変化について興味・関心をもち、月の見え方を太陽との位置関係から推論して追究し、月の形の見え方が規則正しく変化する理由について考えることができるようにしていきたい。

指導計画とアクティブ・ラーニングの位置

●「活用場面」でアクティブ・ラーニングを導入する意図

「判断の根拠や理由を示しながら自分の考えを述べる」ことは、子どもの学習への主体性が高まり、アクティブ・ラーニングの手法として有効であると考える。また、グループの中で考えをまとめ、学級全体にプレゼンテーションを行うことは、聴衆を意識し、子どもの対話性が育まれることが期待できる。

●ノートとタブレットPCの画像を用いての、グループ・ディスカッション

前時までに記録した、実際に見える月の形と太陽との位置関係を月の形の見え方と太陽モデル実験によって再現する。考えを述べる際に、タブレットPCの画像とノートに書いた自分の考えを活用する。グループのメンバーに「月の形の見え方が、日によって変わるのは、どうしてか」について子ども一人一人がそれぞれの考えを述べることによって、授業への主体性が育まれることが期待できる。

●学級全体の前でのプレゼンテーション

学習の応用として、月の見え方が異なるとき（満月、半月、三日月）に、太陽はどの位置にあるのかを、モデル図②を用いてグループの中で考えをまとめ、グループごとに電子黒板を用いてプレゼンテーションを行う。ここで、グループ内で検討する過程が大切である。さらに、発表の後、それぞれのグループのモデル図を集約し、教師と子どもで比較検討をしていく。

●「地球と地学」領域の系統性

小3（B区分）	小4（B区分）	小6（B区分）	中3（第2分野）
影のでき方と太陽の光 ・太陽の1日の動き ・影のでき方	月と星 ・月の1日の動き ・月の見られる時刻や形	月と太陽 ・月と太陽の位置関係 ・月や太陽の表面	地球と宇宙 ・天体の動きと地球の自転・公転 ・太陽系と恒星

●指導計画（6時間扱い）

単元導入（1時間）　月と太陽を調べてみよう
第1時　月の写真やこれまでの経験から、気付いたことや、疑問に思ったことを話し合う。

第1次（2時間）　月の形の見え方を調べよう
第2・3時　月の形の見え方が、日によって変わるのはどうしてかを調べる。
モデル実験で月の形の見え方と太陽の関係を調べる。　AL
班で話し合い、月と太陽の位置関係についてプレゼンテーションを行う。
AL

第2次（2時間）　月と太陽の表面を調べてくらべよう
第4・5時　月の表面は太陽と比べて、どんな様子になっているのかを調べて比べる。

まとめ（1時間）　まとめよう、たしかめよう
第6時　未来へ広がる日本の技術（広大な宇宙への挑戦）

第2時　ACTIVE LEARNING MODEL

教 教師の働きかけ　子 子どもの活動

展開1　本時の課題を掴み、実験を行う

> 日によって月の見え方が変わるのはどうしてなのか、実験してみよう。実験のモデルをタブレットで撮影して、その写真を使いながら、自分なりの考えをノートに書きなさい。

教 前時までの学習を想起（「月は丸い形をしていた」「日によって形が違っていた」など）し、「日によって月の形の見え方が変わるのはどうしてか」という疑問を学級全体に投げかける。

子 前時までの学習をもとに予想を立てる。

子 机上に置いて、ボールを月に見立てたモデル実験の装置を準備し、光源（太陽）から光を当てる。

子 ア〜クまでの8つの場所で、それぞれどのように光の当たっている部分が見えるのかをタブレットを用いて写真に収める（写真はウの位置）。

子 モデル実験を収めた写真（モデル図①）を見ながら、自分の考えをまとめる。

教 考えをまとめる際には、写真を使いながら「なぜ、そのように考えたのか」が明確になるように書かせる。

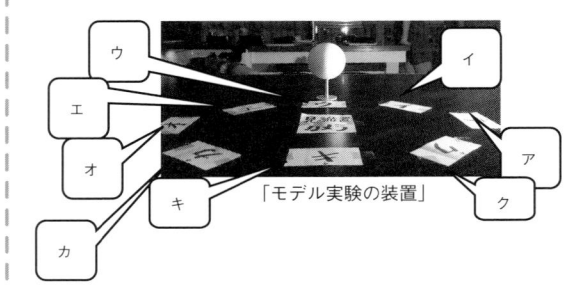

「モデル実験の装置」

Point　タブレットを活用し、実験の記録を手元に残す

今回は実験にタブレットを活用し、電灯とボールを用いたモデル実験がモデル図①（写真）として即座に、手元に残るように工夫した。

中心にタブレットを置き（実際に人間が見る位置）、ア〜クの8つの地点にボールを移動させ、それぞれ写真に収めた。記録用紙に記録する方法もあるが、紙面での記録になり、実際の実験を再現したり想起したりすることは容易ではない。なるべく本物に近い形で、かつグループでの話し合いに生かせるように手元に残す方法として今回の手法を取り入れた。しかし、実際には満月の見え方の際（ボールがオの位置にあるとき）にタブレットが光源を遮ってしまうなどの弊害が生じ、中心ではなく光源の位置から撮影することになってしまったので、その点には注意したい。

撮影したモデル図①を、グループに持ち帰ることができるようにしたことで、容易にモデル実験の再現が可能となった。手元にモデル実験が再現できたことにより、「さっきのあの実験の…」という曖昧な発言ではなく、「この写真のこの形が…」とグループ・ディスカッションの中でもより具体的に実験結果について話し合うことができていた。

光源のほうより撮影

| 第2時 | ACTIVE LEARNING MODEL | 教 教師の働きかけ　子 子どもの活動　C 子どもの発言　G グループリーダーの発言 |

展開2 グループ・ディスカッションを行う

グループの中で、実験からどんなことがわかったか、グループでディスカッションしてください。

教 グループ・ディスカッションの進め方について説明する。

教 相違点については線を引かせたり、書き加えたりさせる。そのときに、自分と同じ考えがあったり、逆にここは違うぞというところがあったりしたら、赤で線を引いたり、書き加えたりしましょう。

子 写真に収めたモデル図と考えを書いたノートを用い、自分の考えを、グループ内で発表し合う。

子 似ている考え、違う考えがあった場合は自分のノートに赤で書き加える。

〈グループ・ディスカッションの例〉

G「では、ディスカッションをはじめます。C^1さんからお願いします」

C^1「実験をやってみて、太陽の光の当たる位置が違うから、日によって月の形が変わると考えました」

G「なるほど。では、C^2さん、お願いします」

C^2「私は、太陽と月の間の星が影になってそれが移動するから月の形の見え方が変わると思います」

ディスカッションの様子

Point　ノート、タブレットを活用してグループ・ディスカッションを行う

対話的な学びを実現するため、グループで話し合うグループ・ディスカッションを行う。
グループ・ディスカッションを行う際に留意すべき点は以下の3点である。

①自分の考えをノートに書いておく
　ディスカッションの際に手元にノートがあると子どもは心強い。ノートに書く際には、「なぜ、そう考えたのか」がわかるよう、必ず判断の根拠や理由を示させておくことが大切である。

②話し合う視点を確認する
　ただ、漫然と話し合わせては意味がないので、グループでどのように考えをまとめるのかを明確にしておく。本時は、「日によって月の形の見え方が変わるのはどうしてか」が話し合う視点である。

③友達との相違点を見付ける
　グループの中で友達の考えを聴く際にも、自分と似ている考えなのか、異なる考えなのかなどの聴く際の視点を与え、自分のノートの相違点に印を付けさせる。
グループ・ディスカッションを行うことで、「自分とは異なる視点や考え方が得られ」たり、「曖昧だった概念が明確」になり、主体的に授業に取り組むことが期待できる。

第3時　ACTIVE LEARNING MODEL

教 教師の働きかけ　子 子どもの活動

展開3　全員で話し合い、月と太陽の位置関係を考える

前回のグループ・ディスカッションで出てきた考えから、月の形が変わるときの月と太陽の位置関係を考えてみよう。
月の形が変わるとき、太陽の位置を赤でモデル図②に書き込みなさい。

教 前時のモデル実験及びグループ・ディスカッションで出てきた意見を想起させる。（電子黒板を活用）

子 グループ・ディスカッションの内容を教師に伝える。

教 グループから出た意見を比較検討し、より妥当性の高い考え方へとまとめる。

教 太陽と月の位置関係に気付かせる。

子 月の形が変わるとき、どの場所に太陽があればよいのかを、グループで話し合い、赤でモデル図②に書きこむ。

電子黒板で前時を想起

モデル図②に太陽を書き込む

Point　考えを比較させて違いが明らかになるように電子黒板を使って整理する

　グループ内でまとまった有力な考えを電子黒板に投影し、考えの違いが明らかになるように整理する。

　教師の役割として、グループから出た意見を電子黒板上で比較・検討し、「似たような考え」をまとめたり、「対立的な考え」を、生活経験から、より妥当性の高い考え方へとまとめ、整理していくことが大切である。

〈発表例〉
「では、それぞれのグループでディスカッションした内容を、見てみましょう」
Aグループ　「太陽と月の位置が日によって変わるから、月の見え方が変わる」
Bグループ　「月が移動して、太陽の光る場所が変わるから見え方が変わる」
「みんなの考えをまとめると、太陽と月の位置がどうやら関係していそうですね」
という具合に、この場面ではそれぞれのグループの中から月の形の変化には、「太陽と月の位置関係」が重要であることに気付かせる。

教師が主導で意見をまとめる

第3時　ACTIVE LEARNING MODEL　教 教師の働きかけ　子 子どもの活動　G グループリーダーの発言

展開4　学級全体にプレゼンテーション

月の形が変わるとき、どの場所に太陽があればいいのかについて、グループの考えをプレゼンしなさい。なぜそう考えたのか理由も忘れずに述べなさい。

子 班の中で出た意見を、実際に話し合いで使用したモデル図②を使用しながら述べる。

〈プレゼンテーションの方法例〉

G1「これから1班のプレゼンテーションをはじめます。1班では、月の形が変わるとき、どの場所に太陽があればよいのかについて、
・太陽から月が遠いと丸く見えるのではないか。
・月が光っている側に太陽があるのは確実。
・太陽が移動して月が光る場所が変わる。
・太陽と月の距離が近いと細長い形になる。
という意見が出ました」

子 班の中で有力だと思われる意見を集約し、班の意見とする。

G2「1班の意見の中で、『月が光っている側に太陽がある』（図を指さしながら）という意見が多かったので、
『月が光っている側に太陽がある』『月の位置が、太陽に近付いたり遠のいたりして月の形が変わる』というのが1班の考えです。
これで、1班のプレゼンテーションを終わりにします」

教 それぞれの班から出てきた意見をもとに、まとめを行う。

Point　学級全体に発表を行うことで聴衆を意識したわかりやすい説明を考えさせる

自らが創作したもの、作成したものを人に伝えることで、
①学びの主体性を高めることができる。
②学習を振り返り、自らの学びに気が付くことができる。
③他のグループで練られた考え方を、聴くことができる。
という以上の3つの効果が期待できる。

発表を行う際には、どのような目的で発表をするのかや、判断の根拠や理由を示しながら、考えを述べることが大切である。全体に向けてプレゼンテーションを行うことで、主体的に学習することができ、聴衆を意識する点から、対話的な学びも実現できる。

今回は時間短縮のために画面上に、満月、半月、三日月の3種類を、同時に表示して太陽の位置を書き加えさせてしまったが、丁寧に一種類ずつ表示して太陽の位置を考えさせればよかったと深く反省した。

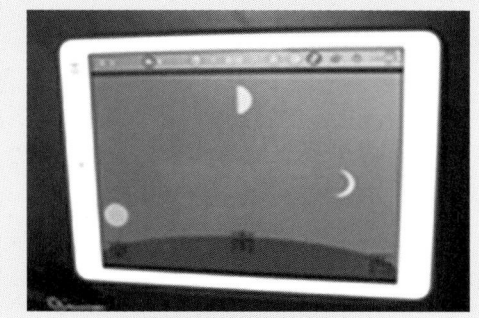

実際に使用したモデル図②

月と太陽　|　145

第6学年　全13時間

[本単元の目標] 土地やその中に含まれる物を観察し、土地のつくりや土地のでき方を調べ、土地のつくりと変化についての考えをもつことができるようにする。

土地のつくりと変化

資質・能力

- 流れる水の働きや火山の働きで地層ができたという見方・考え方ができる。
- 土地のつくりについて、観察や資料に基づいて推論することができる。
- モデル実験等を通して、推論を検証することができる。

● 本単元で大事にしたいこと

　この単元では、土地のつくりと変化を推論する能力を育てるとともに、「土地は、礫、砂、泥、火山灰及び岩石からできており、層をつくって広がっているものがあること」「地層は、流れる水の働きや火山の噴火によってでき、化石が含まれているものがあること」「土地は、火山の噴火や地震によって変化すること」などを学ばせる。

　指導に当たって留意することとしては、子どもが土地のつくりや変化について実際に地層を観察する機会をもつようにすること、その際は、それぞれの地域の応じた指導を工夫すること及び資料や社会教育施設の利用等があげられており、教科書には、実際の観察場面、資料の活用場面及び社会教育施設に利用場面等が紹介されている。また、学校近くの地層については、教師一人で探すことは困難である。文献を調べたり、専門家に照会したりするなどして、観察に適した地層を探すとともに、どのように地層ができたかなど、専門家に助言を求めることが考えられる。

　子どもにとっては、大昔にできた土地がどのようにできたのか、大昔にさかのぼって土地ができる様子を実際に見ることはできない。そのため、露頭の観察、岩石やボーリング資料、モデル実験などに基づいて、推論していくことになる。しかし、土地がどのようにつくられたり、変化したりするのかについてなど、子どもにとっては、考える糸口が少ない単元である。また、多様な証拠から推論したことが正しいかどうかさえ誰にもわからないという難しさがある。

　観察場面やモデル実験の場面において適宜、必要な知識を学ばせるとともに、興味・関心を引き出していくことがポイントである。

指導計画とアクティブ・ラーニングの位置

●「モデル実験の場面」でアクティブ・ラーニングを導入する意図

第2次では、水の働きでどのように地層ができるのかを考えるため、水の働きでできた地層をつくるモデル実験を行う。この場面でアクティブ・ラーニングを行う意図は、次のようになる。

第1次で、実際に地層の観察を行い、子どもは、流れる水の働きでできた地層であるという結論にたどりつき、結論以外にも、多様な考えや疑問などをもつ。実際の地層の観察では、情報量が多い自然の中から情報を読み取る力を身に付けさせ、読み取った情報に基づいて予想させることもできるが、予想の妥当性を確かめることは困難である。モデル実験を行う意図の一つは、予想の妥当性を確かめるためである。

予想の妥当性を確かめる過程において、まずは、実験によって実証し、再現することが求められる。モデル実験では、予想通りの結果にならない場合に、何度も繰り返し試すことができる。本単元のような自然を相手とする教材では、モデル実験の場を設定することで、試行錯誤させることができ、新たな考えを出したり、考えを深めたりすることにつながっていく。

モデル実験を行うもう一つの意図は、試行錯誤させて考えを深め、実証性・再現性という科学的な手続きを身に付けさせていくためである。

●「地球の内部」領域の系統性

小5（B区分）	小6（B区分）	中1（第2分野）	高校（地学）
流れる水の働き ・流れる水の働き ・川の上流・下流と川原の石 ・雨の降り方と増水	土地の作りと変化 ・土地の構成物と地層の広がり ・地層のでき方と化石 ・火山の噴火や地震による土地の変化	火山と地震 ・火山活動と火成岩 ・地震の伝わり方と地球内部の動き 地層の重なりと過去の様子 ・地層の重なりと過去の様子	・惑星としての地球 ・活動する地球 ・移り変わる地球 ・地球の環境

●指導計画（13時間扱い）

第1次（4時間）　地域の地層を調べよう
第1時　石の見分け方を考える。
第2〜4時　地域の地層を観察し、何の働きでできた地層なのかを考える。

第2次（4時間）　地層はどのようにしてできるのか
第5〜7時　水の働きでできた地層をつくるモデル実験を行い、地層のでき方を考える。 **AL**

第8時　火山の働きでできる地層のでき方を考える。

第3次（3時間）　地震や火山の噴火による大地の変化を調べよう
第9・10時　地震や火山の噴火による被害を調べる。
第11時　防災や減災の取組を調べ、自分たちにできることを考える。

第3次（2時間）　「この地層」はどのようにできたのか
第12・13時　資料を活用し学校の近くの地層がどのようにできたのかを考える。

第5・6時 ACTIVE LEARNING MODEL　　　　　教 教師の働きかけ　子 子どもの活動

展開1　問題意識を高め学習問題を設定する

> 流れる水の働きでできた地層は、どのような場所でできたのだろうか。

教 前時の観察における子どものつぶやきを知らせ、「どのようにしてこの地層はできたのか」という問題意識を想起させる。

子 流れる水の働きでできた地層は、どのような場所でできたのかを話し合う。

子 これまで行ってきた岩石の学習と露頭の観察からわかっていることを整理する。
  ・学校の近くの地層には、砂岩、礫岩、厚い泥岩の層がある。
  ・流れる水の働きでできた地層である。
  ・この地層ができたとき、ここは、海か湖の底だった。

教 「学校の近くの地層はどのようにできたのだろうか」という学習問題を提示する。

学校近くの地層

Point　振り返りから問題意識を高める

　本時では、子どもの問題意識を高め、実験の目的を明確にもたせるため、前時に地域の地層を観察した際の振り返りを行った。

　前時で、子どもは、地層の構成物を観察し、れき岩、砂岩、厚い泥岩を見付けて、「この地層は、流れる水の働きでできた地層である」と推論するとともに、「流れる水の働きでできたと思うけど、地層は、こんなに高くどうやって積み上がったのだろうか」「川の横に地層があるから、この川の働きでできたのだろうか」といった疑問をつぶやいていた。

　それらの認識のズレを振り返って学級で共有し、「流れる水の働きでできた地層」についてわかったつもりでいたが、本当は、よくわからないという問題意識をもたせた上で、「学校の近くの地層はどのようにできたのだろうか」という問題を設定した。

　本単元は、学校周辺の環境によって学習の進め方が変わってくる。子どもの問題意識を高めるためのポイントは、「事前に教師が地域の地層の観察や専門家の話を聞くことなどを通して教材研究を深めること」「子どもが土地のつくりについてどのような考えをもっているのかを把握すること」である。

　事前の教材研究と導入で子どもの考えを把握することにより、子どもが「あれ？」「どうしてだろう？」と思うような認識のズレが見えてくると考える。

第5・6時　ACTIVE LEARNING MODEL　教 教師の働きかけ　子 子どもの活動

展開2 モデル実験を通して学習問題を解決する

学校近くの地層はどのようにしてできたのだろうか。

- 教 教卓の周りに子どもを集めて、流れる水の働きで地層をつくるモデル実験を演示する。
- 教 モデル実験のポイントを説明する。
  ・ホワイトボードに全員、記録すること。
  ・学校近くの地層を再現すること。
  ・できた地層の写真を撮影すること。
- 子 モデル実験の結果をホワイトボードに記録し、グループで短時間の交流を行う。
- 子 学校近くの地層ができるまで、繰り返しモデル実験を行う。
- 子 グループで話し合ったり、再実験を行ったりするなどして、考察を深める。

モデル実験

モデル実験の様子

Point　実験結果は全員が記録し、モデル実験を繰り返し行う

　グループで実験を行う場面では、記録のみさせられている子どもは、自分で実験をしているという実感をもてないといった様子が見られることがある。そこで、本時では、モデル実験を行ったら、全員がホワイトボードに記録することとした。

　子どもは、初めに砂と泥を混ぜたものを流し、地層をつくった。地層をつくりながら、ホワイトボードに記録させた。実験結果は、次頁の「ホワイトボードの図」のように、砂の上に薄く泥が積もった互層ができ上がった。しかし、この地層は、学校の近くの地層とは様子が違っている。学校近くの地層は、泥の層が厚い。

　子どもは、それぞれのホワイトボードを見ながら、どのように再実験するか話し合い、再実験を行った。再実験では、泥と砂を混ぜたもの、次に泥のみを流した。その結果、上の「モデル実験の結果」のような厚い泥岩の層ができ上がり、子どもは、これら一連の実験の結果に基づいて考察を行った。

　その結果、実際の地層の観察では考えが及ばなかった泥と砂の互層や川の様子などにまで、考えを広げていくことができた。

モデル実験の結果

土地のつくりと変化　|　149

| 第7時 | ACTIVE LEARNING MODEL | 教 教師の働きかけ　子 子どもの活動 |

展開3　学校の近くの地層がどのようにできたのかグループに分かれて交流する

> 地層のでき方について、他のグループの人たちにどのように伝えたらいいのだろうか。

教 以前に言っておいたように、発表はジグソー学習の方法を使って行うので、全員がグループで考えたことを他のグループに人に伝えることを知らせる。

子 前時に、地層のでき方についてグループで考えたことを再確認する。

教 モデル実験に基づいて考察してきたことを発表し合うことを知らせ、よい説明とはどのような説明なのかを知らせる。

・発表は、準備した写真とホワイトボードを活用し、結果と考察を分けてわかりやすく伝えること。
・聞いている人が、わかったかどうかを確認すること。
・聞き手は、後でグループの仲間に伝えるので、わかるまで責任をもって聞くこと。

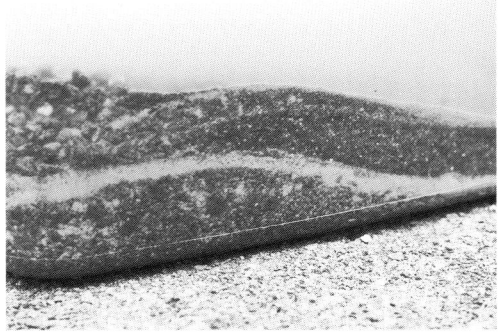

モデル実験でできた地層

Point　写真やホワイトボードを活用し、自分のグループの考えを説明する

　視覚情報を言葉だけで表すのは難しい。限られた時間の中で、実験の経過、結果及び考察の交流を行うために、写真やホワイトボードを活用した。

　写真とホワイトボードは前時にモデル実験したときに準備したものである。写真は、モデル実験できた地層の写真であり、ホワイトボードは、その写真の地層の解説が図と言葉で簡単に書かれたものである。

　説明が苦手な子どもも、写真とホワイトボードの図などを示しながら、「これは最初につくった地層です。砂の層が厚く、その上に薄い泥の層ができました。もう一度流すと、最初の層の上に、厚い砂の層と薄い泥の層ができました」といったような説明が容易となる。

　実験でできた地層の写真とホワイトボードを照らし合わせることで、他のグループの子どもも、モデル実験でできた地層がどのような地層かをひと目で理解できる。それを見ながら、説明を聞くことで、短時間で理解し、意見交流することが可能となる。

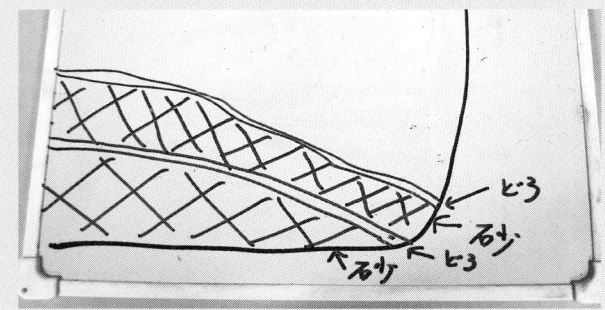

ホワイトボードの図

150 ｜ 第2章　実践編

| 第7時 | ACTIVE LEARNING MODEL

展開4 学校の近くの地層はどのようにできたのか全体で交流する

> ジグソー学習でわかったことを基に、地層のでき方についての考えを見直そう。

教 ジグソー学習で他のグループから得た情報を、元のグループの人に伝えることを知らせ、ジグソー学習でわかったことについて、何をどのように伝えたらいいか説明する。
- （何を）同じ意見のところや異なる意見のところ。
- （どのように）同じ意見のところは簡潔に、異なる意見は詳しく伝える。

子 グループごとに、ジグソー学習でわかったことを伝え合う。

子 他のグループで考えたことを参考にしてノートに考えを書き加え、最後に、学級全体で確認し合う。

〈ノート例〉
① 地層は流れる水の働きで流された泥や砂やれきなどが、くり返し海の底に堆積してできる。
② 泥や砂が一緒に流れてくると重い砂、その上に泥の順に、層となっていく。
③ 泥や砂の量や割合が変わると、堆積の仕方も変わってくる。
④ 川の上流にある岩石などの種類によって、地層のでき方も変わってくる。
⑤ 地層が重なることで押し固められ、れき岩、砂岩、でい岩などの固い岩石ができると考えられる。

Point ジグソー学習を導入し、元のグループの考えも参考にまとめる

本単元においてジグソー学習を取り入れたことにより、以下のような効果があった。
① 自分のグループの考えを伝えることになるので、すべての子どもが話し合いに主体的に参加する。
② 他のグループの考えを自分のグループの仲間に伝える役割があるため、質問して確認するなど真剣に聞く。
③ モデル実験をする際から、主体的に学習する姿が見られ、地層ができた要因まで考えが深まる。

〈厚い泥岩の層ができたことについての子どもの考え〉
「長い川によって流されてきたため、岩石が細かく砕かれて、泥の層が厚くなったのではないか」
「長雨などで、大量の砂や泥が流されて、泥の層も厚くなったのではないか」
「もともと、上流に泥岩や泥など堆積しており、それが流されたため厚い泥の層ができたのではないか」

ジグソー学習により、責任感をもって主体的に問題解決に取り組む姿が見られ、内容についても深まっていくと考える。

土地のつくりと変化 | 151

第6学年　全9時間

[本単元の目標] 水・空気・食物・電気のルートマップづくりの活動を通して、人と環境との関係についての見方や考え方を育てる。

人と環境

資質・能力

- 生活経験や既習事項をもとに「水・空気・食物・電気」のマップを作成することができる。
- 「水・空気・食物・電気」のルートがつながっていることを実感できる。
- 環境問題にかかわる情報を目的に応じて取捨選択し、他者に説明できる。

●本単元で大事にしたいこと

　人間は、自然から様々な資源（地下資源・森林資源・水資源・水産資源、等）を取り出し、加工し、消費し、その結果、様々なゴミを排出してきた。そのゴミは地球の自然環境の自浄作用の助けを借りて自然へと返っていく。このような循環（サイクル）に支えられて、これまで人間の文明は発展・維持されてきた。

　しかし、人間が自然から取り出す資源は増加の一途をたどり、数億年かけて蓄積された化石燃料までも、枯渇させようとしている。その結果、ゴミの急激な増加を招き、地球の自浄作用を低下させ、これまでのゴミから自然へのルートでは間に合わなくなってしまった（図参照）。

　本単元の指導においては、この基本構造の実感を伴った理解こそ大事にしたい点だが、環境問題が子どもたちにとって現実感が乏しいがゆえに難しい。

　しかし、これまでの4年間の既習事項をうまくリンクさせることができれば、環境問題の複雑性と解決に向けた緊急性について、子どもたちに理解させることができる。

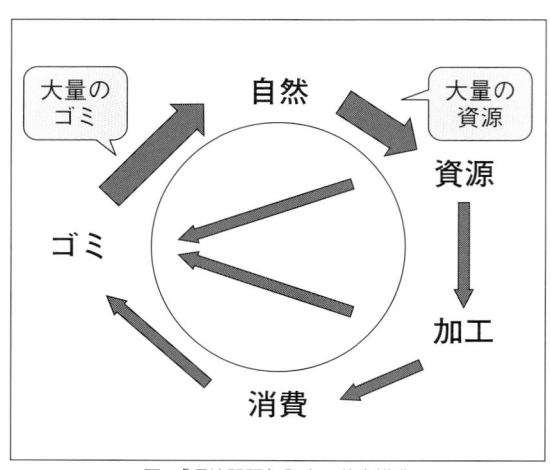

図　「環境問題」発生の基本構造

指導計画とアクティブ・ラーニングの位置

● アクティブ・ラーニングを導入する意図

本単元の展開に当たっては、環境問題の構造をさらに詳しく調べるために、人間が自然から取り出すものの中から、生命を維持するために不可欠である「食べ物」「空気」「水」を導入する。さらに、実生活との結び付き、エネルギーの流れを明確にするために、「電気」のマップづくりを加える。

「食べ物」「空気」「水」そして「電気」それぞれのマップづくりの活動の過程で、子どもたちは、人と他の動植物が、食べ物・空気・水を媒介として密接にかつ複雑につながり、互いに補完し合いながら生命を維持していることに気付いていく。

また、作成した4つのマップを合体させる過程で、人間の出したゴミの行方はすべての動植物へと運ばれ、ゆくゆくは自分に返ってくることの事実を、実生活と結び付けながら多面的に理解させていくことが可能となる。

さらに、環境問題を取り上げた新聞記事の中からエピソードを選ばせ、作成した合体マップを他者に説明するための事例として活用する。

これらの活動を通して、情報を取捨選択しながら自分の考えをまとめ、説明できる資質・能力を鍛えていくことができる。

●「生物と環境のかかわり」領域の系統性

小3（B区分）	小6（A区分）	小6（B区分）	中3（第2分野）
身近な自然の環境 ・身の回りの生物の様子 ・身の回りの生物と環境とのかかわり	燃焼の仕組み ・燃焼の仕組み 水溶液の性質 ・酸性、アルカリ性、中性 ・気体が溶けている水溶液 電気の利用 ・発電、蓄電 ・電気の変換　等	人の体のつくりと働き ・呼吸 ・消化 植物の養分と水の通り道 ・でんぷんのでき方 ・水の通り道	生物と環境 ・自然界のつり合い ・自然環境の調査と環境保全 （地球温暖化、外来種を含む）

● 指導計画（9時間扱い）

第1次（1時間） 人が生きていくために必要なもの
　第1時　人が生きていくために必要なものとは何か？

第2次（3時間） 人と空気、水、食べ物のつながりを調べよう **AL**
　第2時　「食べものマップ」づくり　　※「消化」「食物連鎖」等との関連
　第3時　「空気マップ」づくり　　　　※「燃焼」「光合成」「呼吸」等との関連
　第4時　「水マップ」づくり　　　　　※「水の三態」「消化」等との関連

第3次（1時間） 人と電気のつながりを調べよう **AL**
　第5時　「電気マップ」づくり　　　　※「電気のはたらき」「電気の利用」との関連

第3次（1時間） マップを合体させよう **AL**
　第6時　「合体マップ」づくり

第4次（3時間） 環境問題プレゼンテーション **AL**
　第7時　環境問題関係の記事の仲間分け
　第8時　「環境問題レポート」の作成
　第9時　プレゼンテーション

第2〜4時　ACTIVE LEARNING MODEL

教 教師の働きかけ　子 子どもの活動

展開1 「食べ物マップ」「空気マップ」「水マップ」をつくる

> カレーライスには、肉、野菜、米などが入っています。それらは、「どこから」「どのように」やって来たのだろうか？
> マップにまとめてみよう。

教 自分が家で食べているカレーライスにはどんな物が入っているかを発表させながら、マップづくりを途中まで教師が黒板でやってみせる。

子 それぞれの材料が「どこから」「どのように」やってきたのかを話し合い、さらに言葉をマップに書き込んでいく。

教 4人編成で、それぞれ色の違うカラーペンで順番に書き込ませる。

子 誰がどの情報を書き込んだかわかるように、ペンの色を変えて書き込む。

子 書き込みながら、その内容をグループの仲間に簡単に説明する。その後、簡単に話し合う。

子 書き込んだ情報同士で新しいつながりに気付いたときには、そのつど矢印を引いて言葉と言葉を繋いでいく。

マップづくりの様子

Point　マップづくりを通して学習内容を新たに整理させる

カレーライスを例に、マップづくり作成の基本を指導する。手順は以下の通り。
①画用紙の中央に「カレーライス」とマップの名前を記入し、円で囲む。
②カレーライスの材料から書き出し、それぞれが「どこから」「どのように」やってきたか、グループ内で順番に一つずつ言葉と矢印を書き込みながらルートをたどっていく。
③どんなことを書いてよいかわからなくなったら、他のグループと自由に情報交換させる。
「食べ物マップ」づくりと同じ手順で、「空気マップ」「水マップ」を作成させる。その過程で子どもたちは、これまでの理科で学習した内容がたくさん含まれていること、書き込んだルートには重なりがあること、に気付いていく。

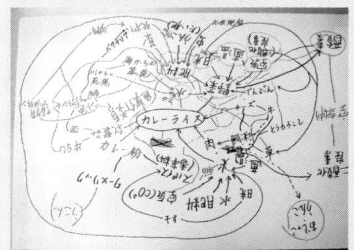

食べ物マップ 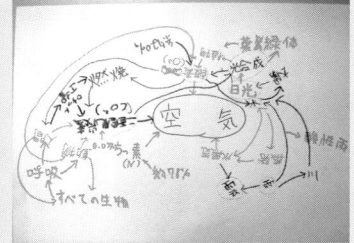　　空気マップ 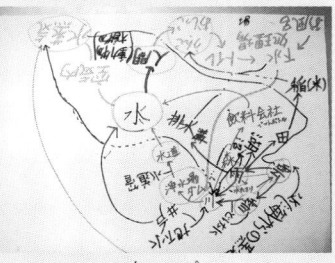　　水マップ

第5時 ACTIVE LEARNING MODEL

教 教師の働きかけ **子** 子どもの活動

展開2 「電気のマップ」をつくる

私たちが使っている電気は、「どこから」「どのように」送られてくるのだろうか？ マップにまとめてみよう。

教 単元「電気の利用」では、水力・火力・原子力の発電の仕組みについて取り上げ、学習した内容を子どもたちがマップに反映できるようにする。

教 4年「電気のはたらき」では、複数の乾電池を直列につなげば電流を強くできたことを想起させた後、発電所同士が直列つなぎであれば、1か所で事故が発生した場合、送電はストップしてしまうことから、手回し発電機を並列につなぐとどうなるか、子どもに問題を投げかける。

子 これまでの電気単元で学習してきた内容を積極的に取り入れながらマップをつくる。

子 手回し発電機を並列につないでも電流を強くすることができるかを実験して確かめる。

手回し発電機を使った発電実験

Point 「電気」のマップづくりを通して、実生活との関連性を意識させる

これまでに作成した「食べ物・空気・水」のマップだけでは、物質的な流れに偏っているために実生活との関連性が弱い。そこで、エネルギーの流れも子どもたちに意識させるために、ここでは「電気マップ」を作成させる。

電気マップづくりの過程で子どもたちは、これまで電気単元で学習してきた内容を積極的にマップに取り入れることになる。分断しがちな電気単元の学習内容が、マップづくりの活動を通して少しずつつながっていく事実は、子どもたちにとって新しい発見である。また、学習内容定着のよい復習となる。「燃焼」単元との関連を図れば、発電と環境問題とが密接に関連していることにも気付くはずである。

ここまでくると、子どもたちのマップづくりの技能は高まってくる。マップはより複雑化し、先に作成した3つのマップに書き込まれたルートの重なりは、さらに増えていくことになる。

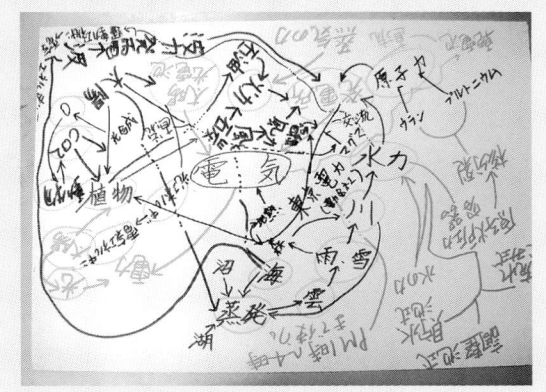

電気マップ

人と環境 | 155

第6時 ACTIVE LEARNING MODEL

教 教師の働きかけ　子 子どもの活動

展開3 「合体マップ」をつくる

これまでにつくった4つのマップのルートには、重なりがあります。合体させて、わかりやすくまとめよう。

教 これまでに作成した4つのマップを比べて気付いたことを話し合いながら、ルートには重なりがあることを確かめさせる。

教 マップを合体させるときには、ルートの重なりをできるだけ少なくするように助言する。単純化できるルートの例を1つだけ確認し、具体的な作業をイメージできるようにする。

子 グループ内で話し合いながら、4つのマップを合体させる。困ったときには、他のグループのマップを自由に見て真似したり、情報交換しながら作業を進める。

子 マップにルートの言葉を書き込むときには、簡単に説明したり話し合ったりしながら行う。

4つのマップを比べる

Point 「合体マップ」をつくることで環境問題の深刻さに気付かせる

「食べ物」「水」「空気」「電気」の4つのマップを、以下の手順で合体させる。

まず、画用紙の中央に「人間」と記入し、円で囲む。人間に向かう4つの入り口が「食べ物」「水」「空気」「電気」である。

次に、それぞれ4つのマップに書き込まれたルートの言葉に重なりがないように、不要な情報は捨象し、できるだけシンプルに整理していく。すると、これまでの4つのマップ同士の関係が見えてくる。

4つのマップを合体させる作業は、思ったほど簡単ではない。しかし、4つのマップが少しずつ合体していく過程で子どもたちは、自然と人間とが複雑かつ密接につながっていることに気付いていく。さらに、環境問題が生じれば、そのルートのすべてに影響してくることを理解する。環境問題がいかに深刻な問題であるか、マップが語りかけてくる。

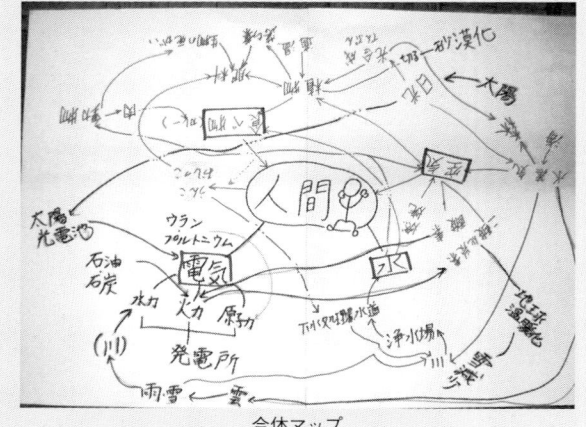

合体マップ

第7～9時 ACTIVE LEARNING MODEL　　　教 教師の働きかけ　子 子どもの活動

展開4 「環境問題」をプレゼンテーションする

> 集めた「環境問題」の記事は、合体マップのどこで起きているのだろうか？　記事をマップに並べてみよう。

- 教 「環境問題」についての記事を、事前に新聞や雑誌、インターネット等から集めさせておく。
- 教 集めた記事をどのように仲間分けするかを子どもたちと話し合いながら、「地球温暖化」「環境ホルモン」「オゾンホール」「酸性雨」等に仲間分けさせていく。
- 子 仲間分けした記事が、合体マップのどこで生じている問題なのか、グループで話し合いながら記事をマップに並べていく。
- 子 マップに並べた環境問題の記事中から、自分が一番興味のあるものを選び、さらに詳しく調べる。
- 子 調べたことをグループ内で発表し、友達の意見も取り入れながらプレゼンテーションのための原稿を作成する。

環境問題はマップのどこで？

Point　合体マップと新聞記事を関係付けてプレゼンテーションする

　前時で作成した「合体マップ」だが、つくり手以外の人に情報がなかなか正確には伝わらない。作成までの過程にかかわっていない他者にとっては、マップに書かれている言葉やつながりの意味を共有できないからである。どうしても、補足説明が必要になる。

　しかし、単にマップを使って何がどこへつながっているかを説明しても、「環境問題」の深刻さや怖さといったリアリティは伝わらない。そこで、具体的な事例が必要となる。事例は、子どもたちが集めた「環境問題」関係の新聞記事から選ぶ。

　まず、「合体マップ」のどこに、どの新聞記事が位置付くか並べていく。次に、その新聞記事の中から自分が最も説明したい（説明できる）環境問題を取り上げ、グループ内でマップを説明し合う。同じマップの説明でありながら、子どもによって取り上げる事例が違うため、発表の内容はなかなかおもしろい。そして、プレゼンテーション用の原稿を個人で作成する。最後に、「総合的な学習の時間」の時数も活用し、他のグループの発表についてポスターセッションできる場を設定する。

環境問題のプレゼンテーション

人と環境 | 157

執筆者一覧

森田　和良	筑波大学附属小学校	第1章：理科における「説明活動」とは？／マトリックス表
		第2章：もののとけ方／水溶液の性質
白岩　　等	筑波大学附属小学校	第1章：科学的な見方や考え方再考／模型作り・ものづくり
		第2章：磁石の性質
佐々木昭弘	筑波大学附属小学校	第1章：認知プロセスの「外化」を伴うAL／イメージマップ／子ども同士が学び合い、高め合う学習環境
		第2章：昆虫の成長と体のつくり／人と環境
鷲見　辰美	筑波大学附属小学校	第1章：子どもが「比較する」とは？
		第2章：明かりをつけよう
辻　　　健	筑波大学附属小学校	第1章：観察・実験―子どもの思考を「見える化」する
		第2章：電流の働き
塚田　昭一	埼玉県新座市立野寺小学校	第1章：理科におけるアクティブ・ラーニング／理科における資質・能力とは？／理科における「ジグソー法」とは？
高砂　光延	埼玉県久喜市立菖蒲小学校	第1章：誰でもできる教材研究のもち方
舘　　英樹	北海道士幌町立下居辺小学校	第2章：土地のつくりと変化
中村　大地	千葉県船橋市立八栄小学校	第1章：改めて自然の事物・現象について考える
渡辺　浩幸	千葉市立作新小学校	第1章：イメージ図
		第2章：ものの温まり方
志田　正訓	広島大学附属小学校	第2章：物と重さ
尾崎　幸哉	神奈川県湯河原町立湯河原小学校	第1章：熊手チャート／Yチャート・Xチャート／メタファー
		第2章：金属、水、空気と温度／振り子の運動
阿部　勝人	元千葉県八千代市立村上東小学校	第1章：子どもが「推論する」とは？
高岡　洋介	元千葉県八千代市立八千代台東小学校	第1章：子どもが「関係付ける」とは？
仲川　謙一	千葉県八千代市立萱田南小学校	第1章：子どもが「追究する」とは？
小山久仁子	埼玉県久喜市立菖蒲小学校	第1章：子どもが「見通しをもつ」とは？
前川　良平	千葉市立誉田小学校	第2章：天気の様子
寺本　貴啓	國學院大學人間開発学部	第1章：小学校教育におけるアクティブ・ラーニング
北條　　諭	栃木県総合教育センター	第1章：アクティブ・ラーニングと問題解決学習
岩田眞樹子	群馬県みどり市立笠懸東小学校	第1章：中学校理科へつなぐ系統性
鈴木　　圭	埼玉県戸田市立戸田第二小学校	第1章：モデル実験
		第2章：流水の働き
増田　和明	群馬県中之条町立中之条小学校	第2章：植物の成長と日光のかかわり
村松　功一	千葉市立都賀小学校	第2章：わたしたちの体と運動
贄田　　亮	埼玉県滑川町立月の輪小学校	第2章：月と太陽

小学校 理科 アクティブ・ラーニング の授業展開

2016（平成28）年7月29日　初版第1刷発行
2017（平成29）年2月13日　初版第2刷発行

編著者　森田和良
著　者　日本初等理科教育研究会
発行者　錦織圭之介
発行所　株式会社　東洋館出版社
　　　　〒113-0021　東京都文京区本駒込5-16-7
　　　　営業部　電話 03-3823-9206／FAX 03-3823-9208
　　　　編集部　電話 03-3823-9207／FAX 03-3823-9209
　　　　振替　00180-7-96823
　　　　URL　http://www.toyokan.co.jp
装　幀　中濱健治
印刷・製本　藤原印刷株式会社

ISBN978-4-491-03253-5　Printed in Japan

JCOPY ＜(社)出版者著作権管理機構　委託出版物＞
本書の無断複写は著作権法上での例外を除き禁じられています。複写される場合は，そのつど事前に，(社)出版者著作権管理機構（電話 03-3513-6969，FAX 03-3513-6979，e-mail：info@jcopy.or.jp）の許諾を得てください。